DOT-TO-DOT
BOOKS FOR KIDS

This Book Belongs to:

COLOR TEST PAGE

COLOR TEST PAGE

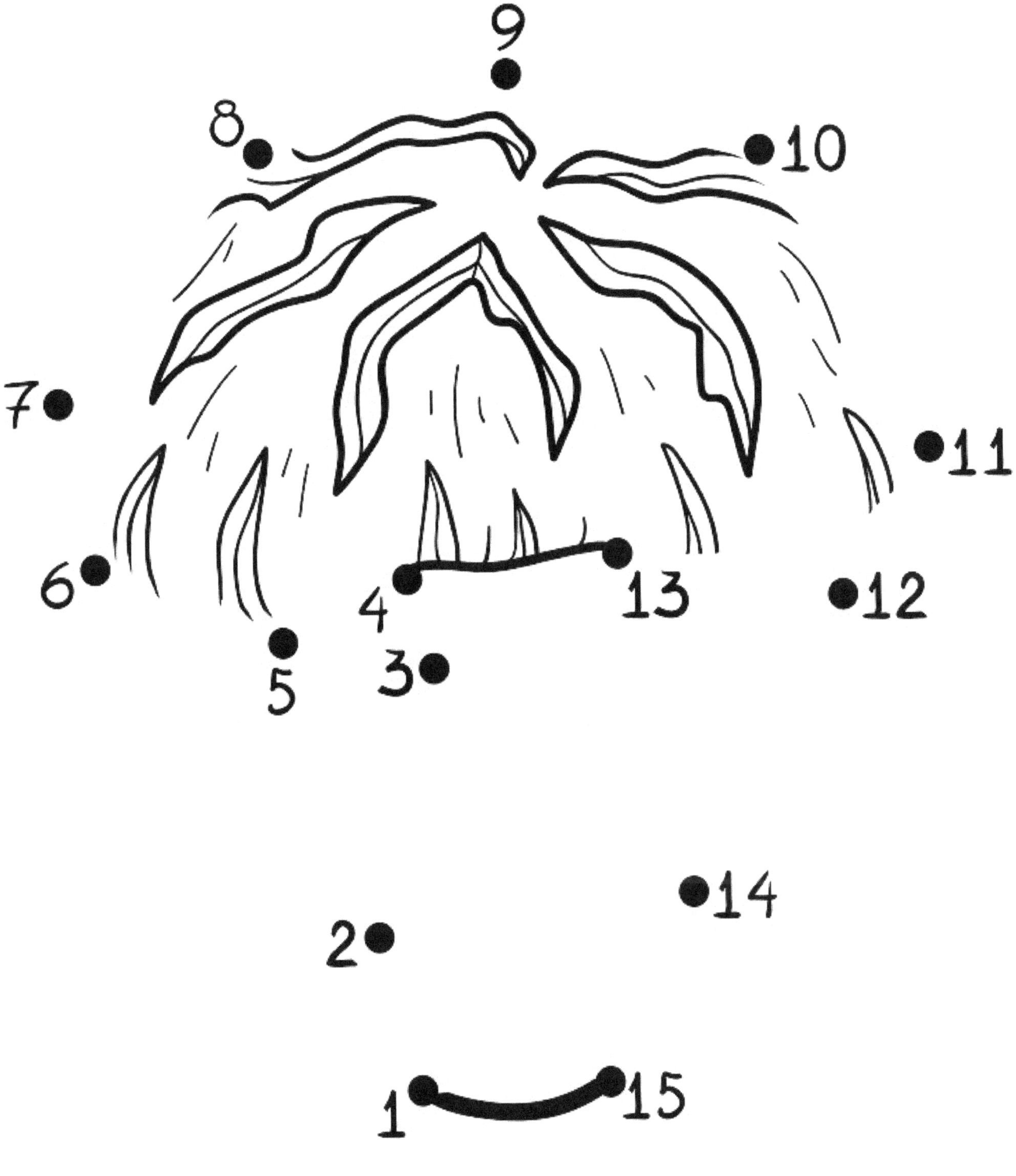
1
2
3
4
5
6
7
8
9
10
11
12
13
14
15

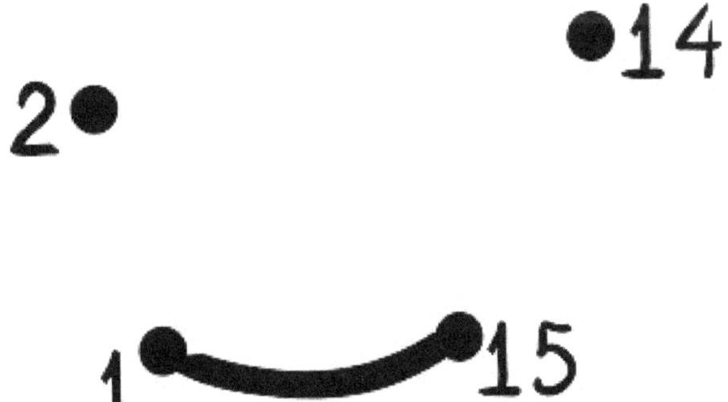

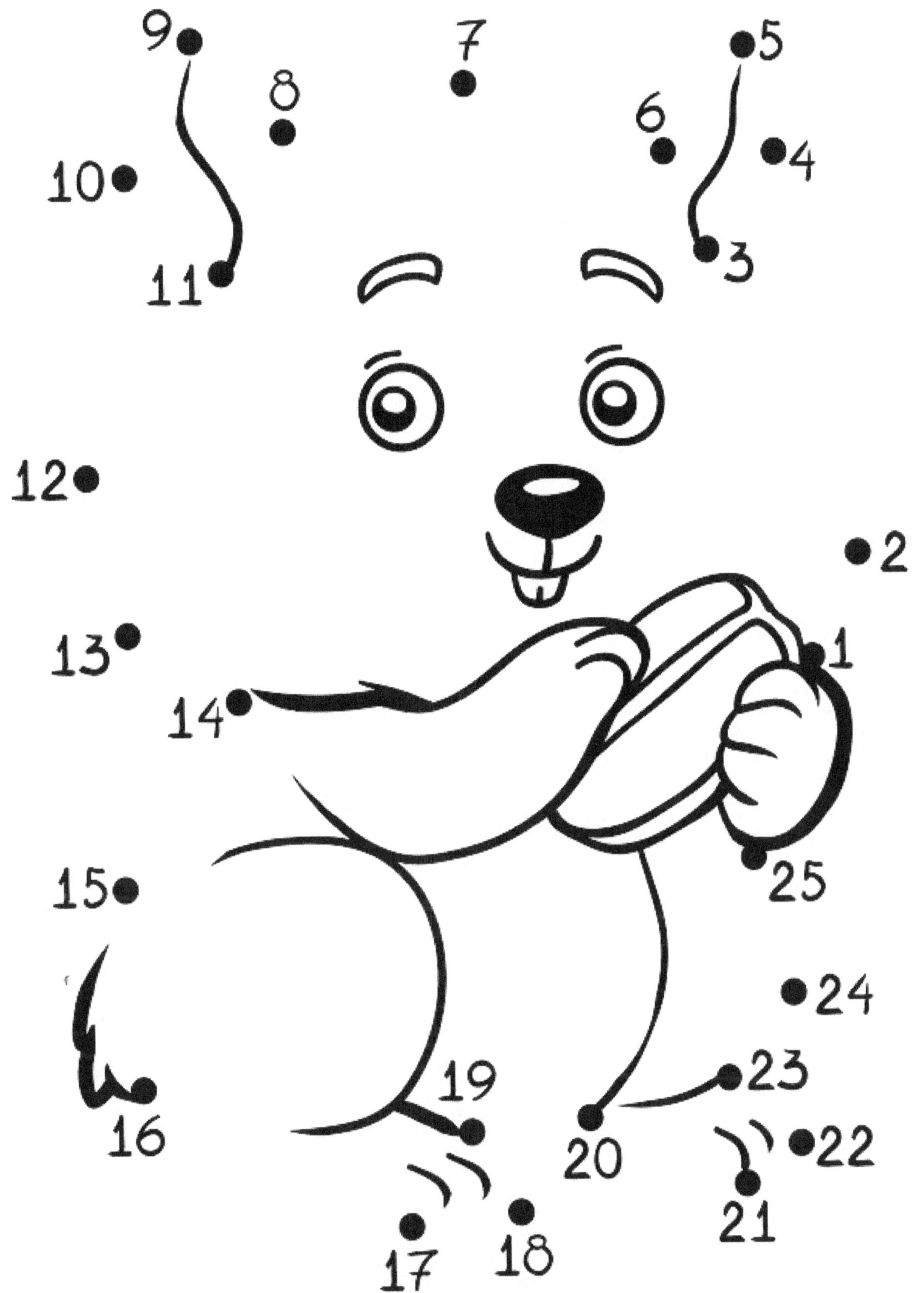

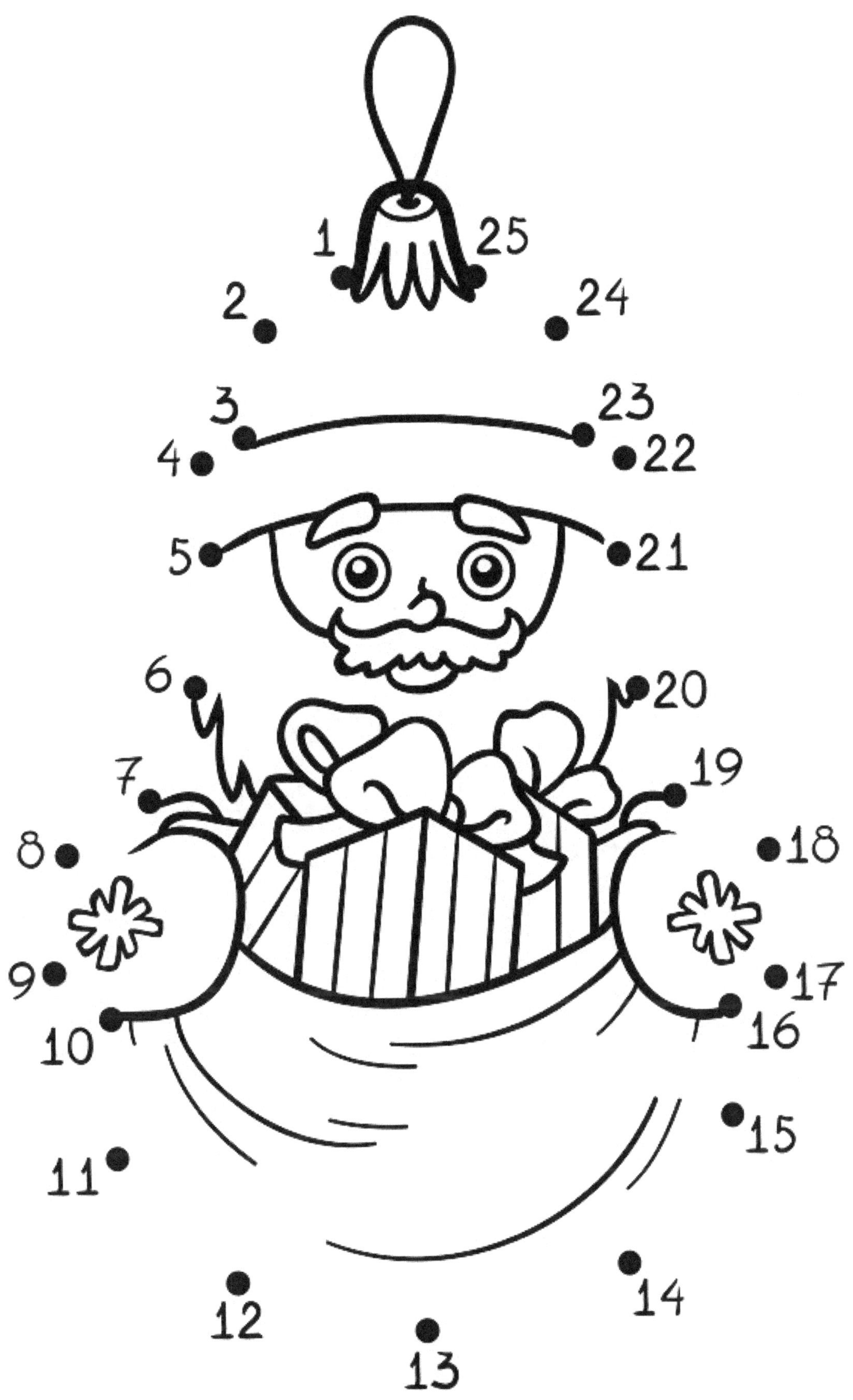

12
11
1
2
10
8
9
3
7
4
5
6

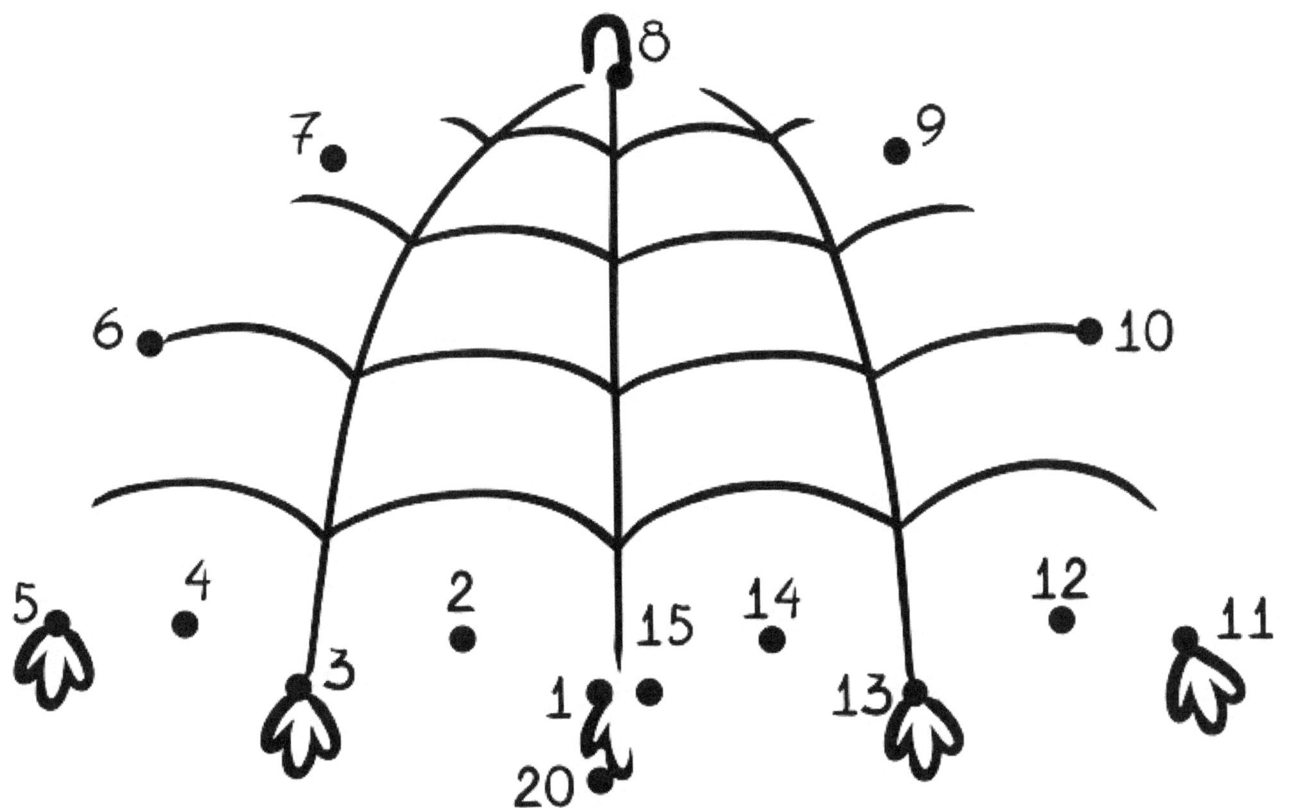

8
7
9
6
10
5
4
2
15
14
12
11
3
1
13
20
19 16
18 17

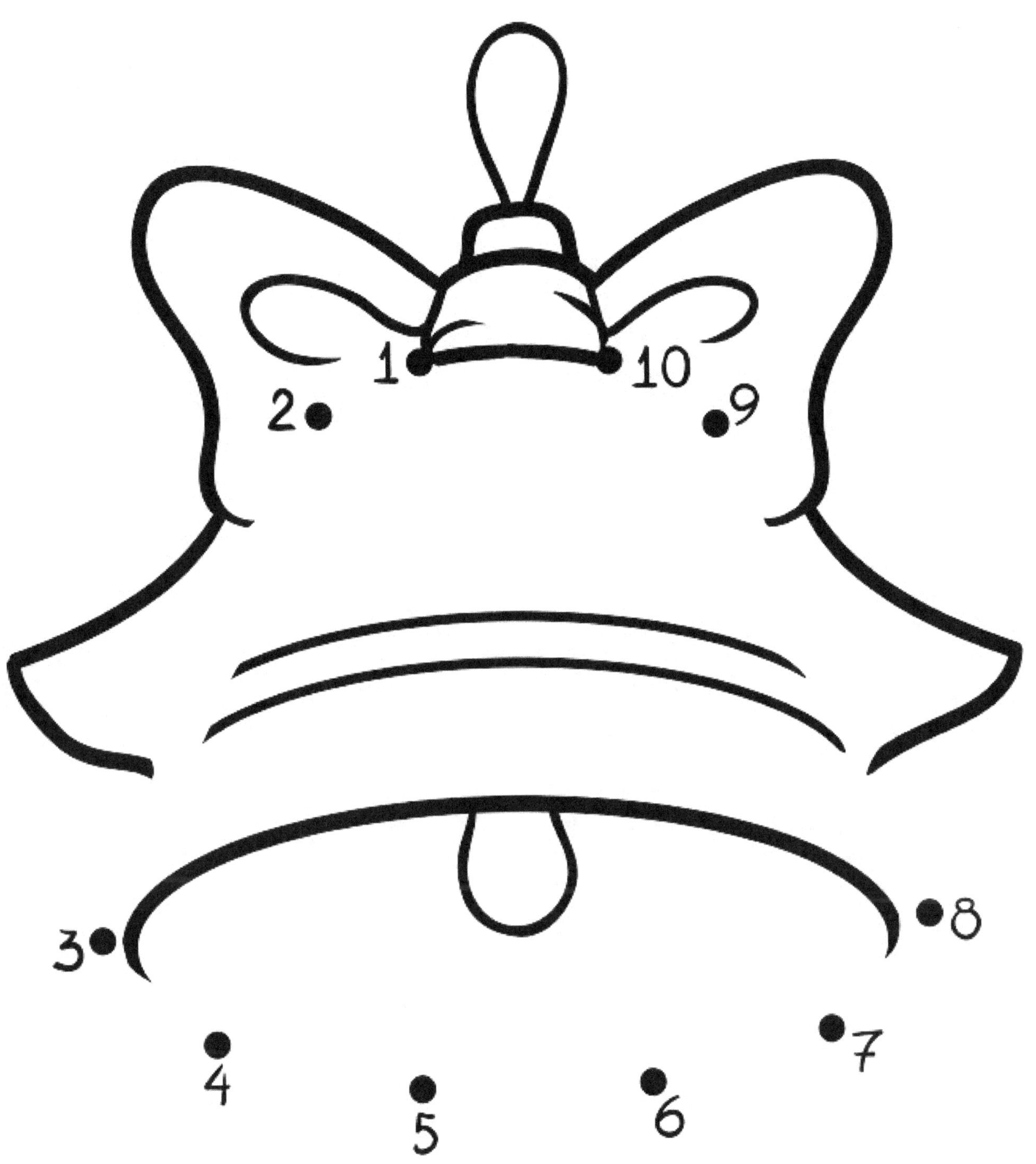

1
2
10
9
3
8
4
5
6
7

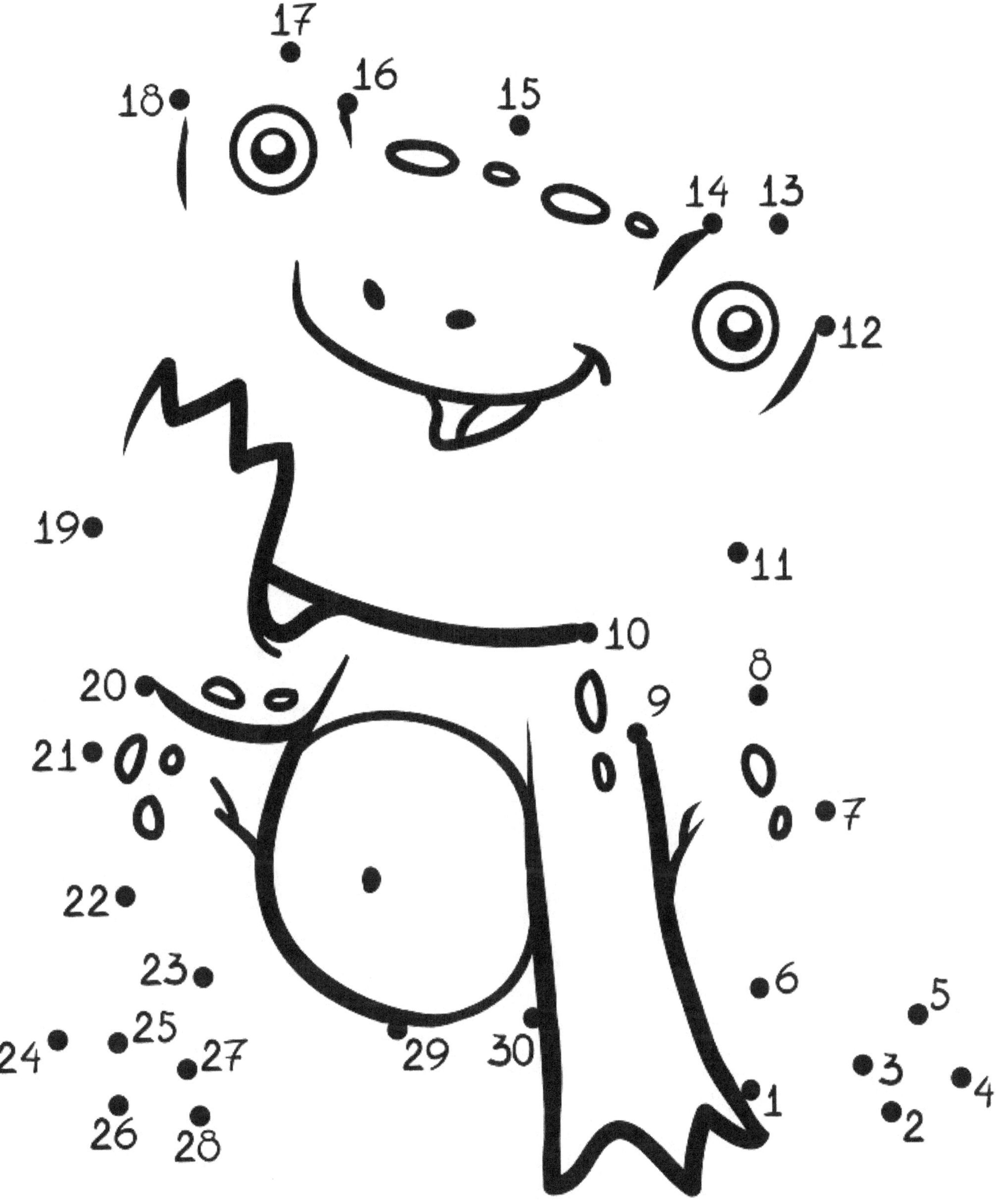

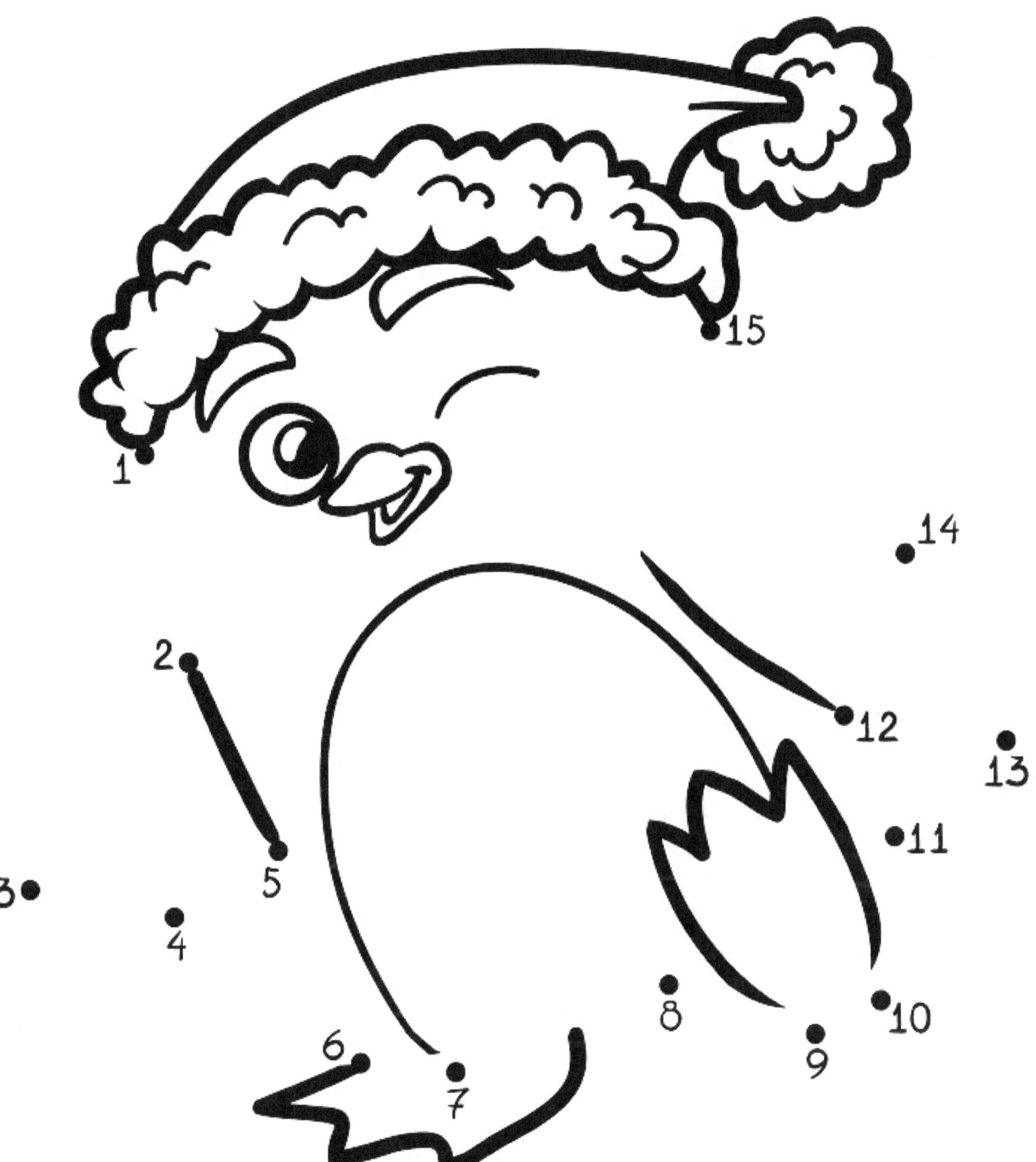

1
2
3
4
5
6
7
8
9
10
11
12
13
14
15

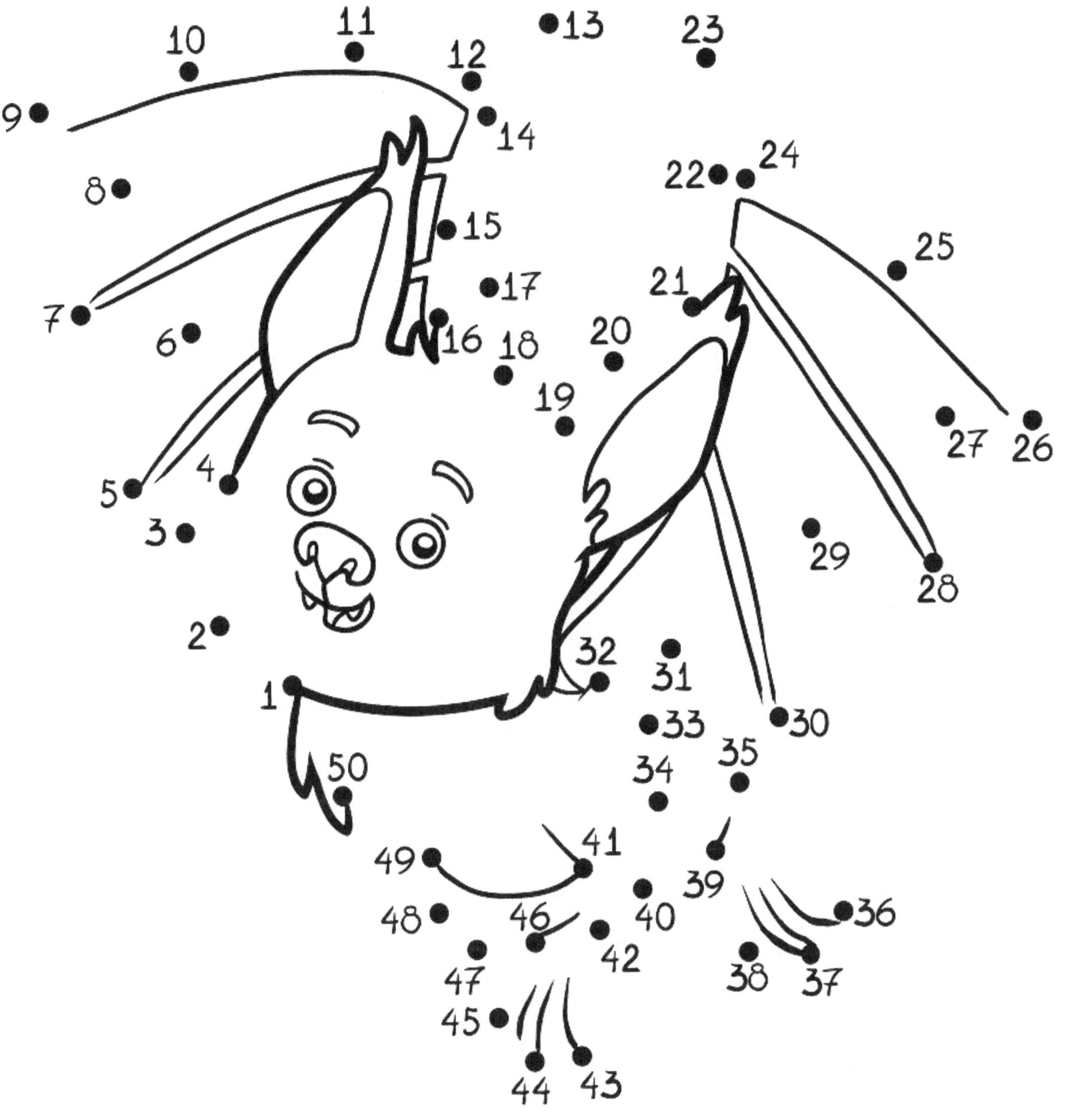

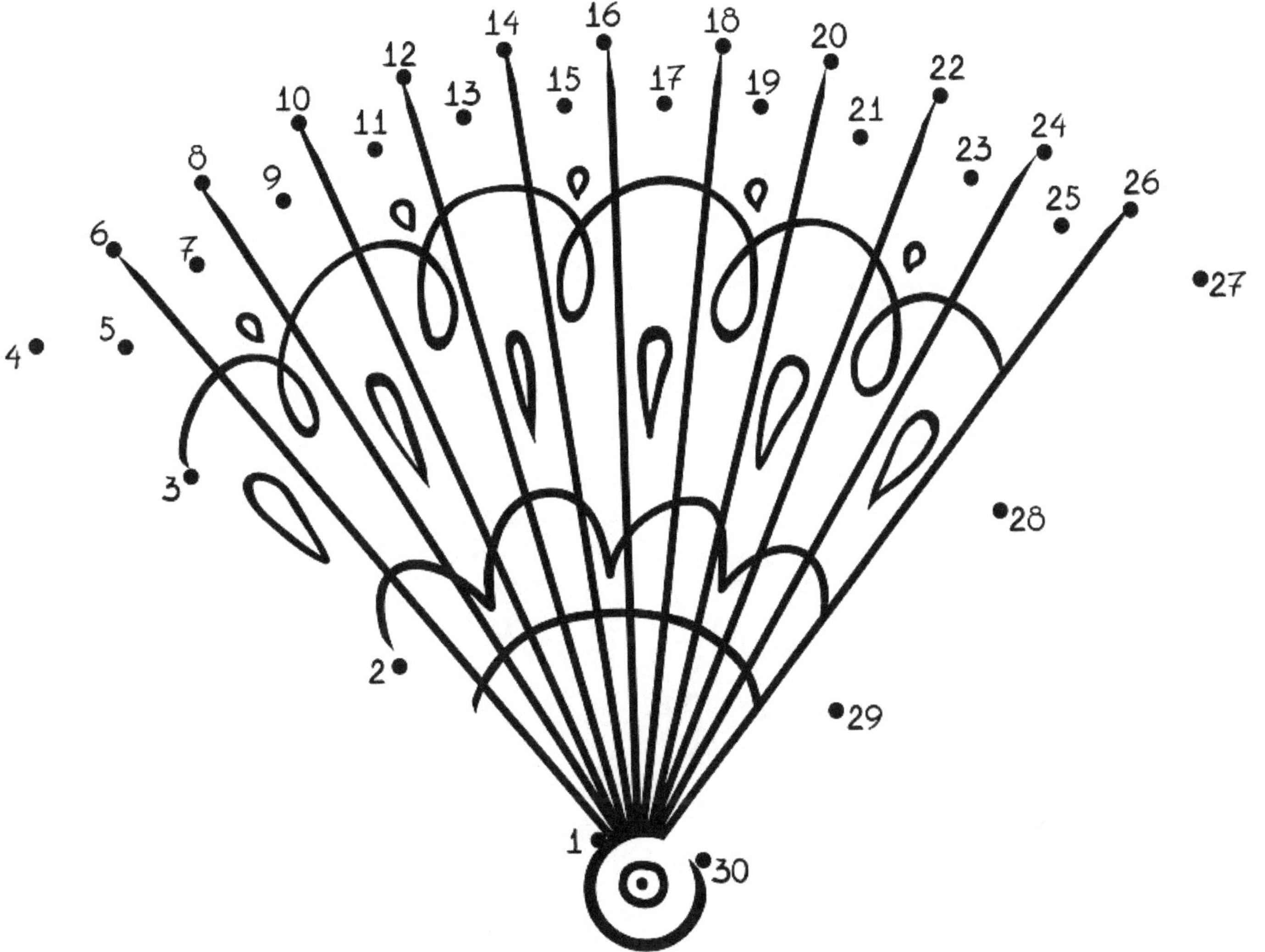

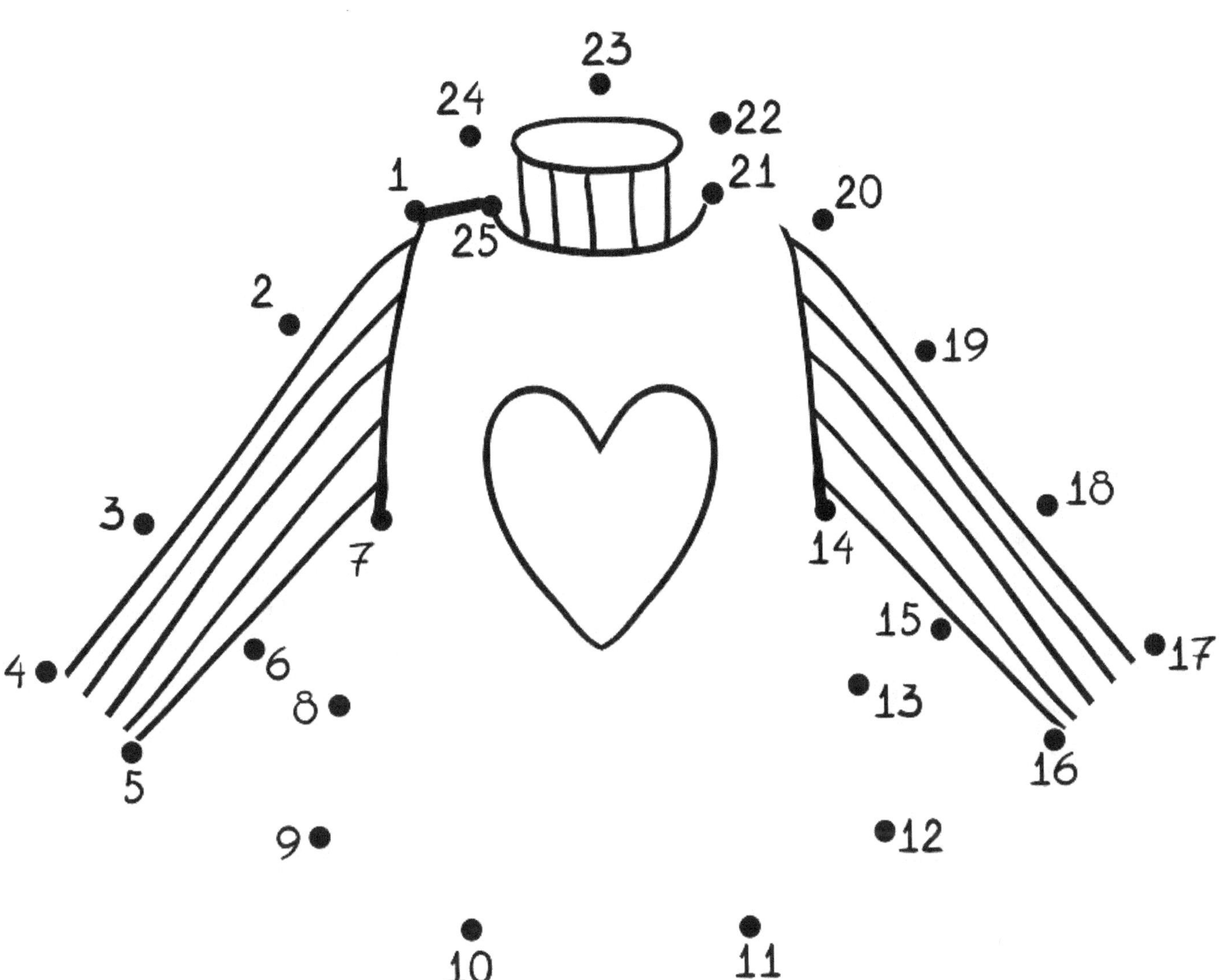

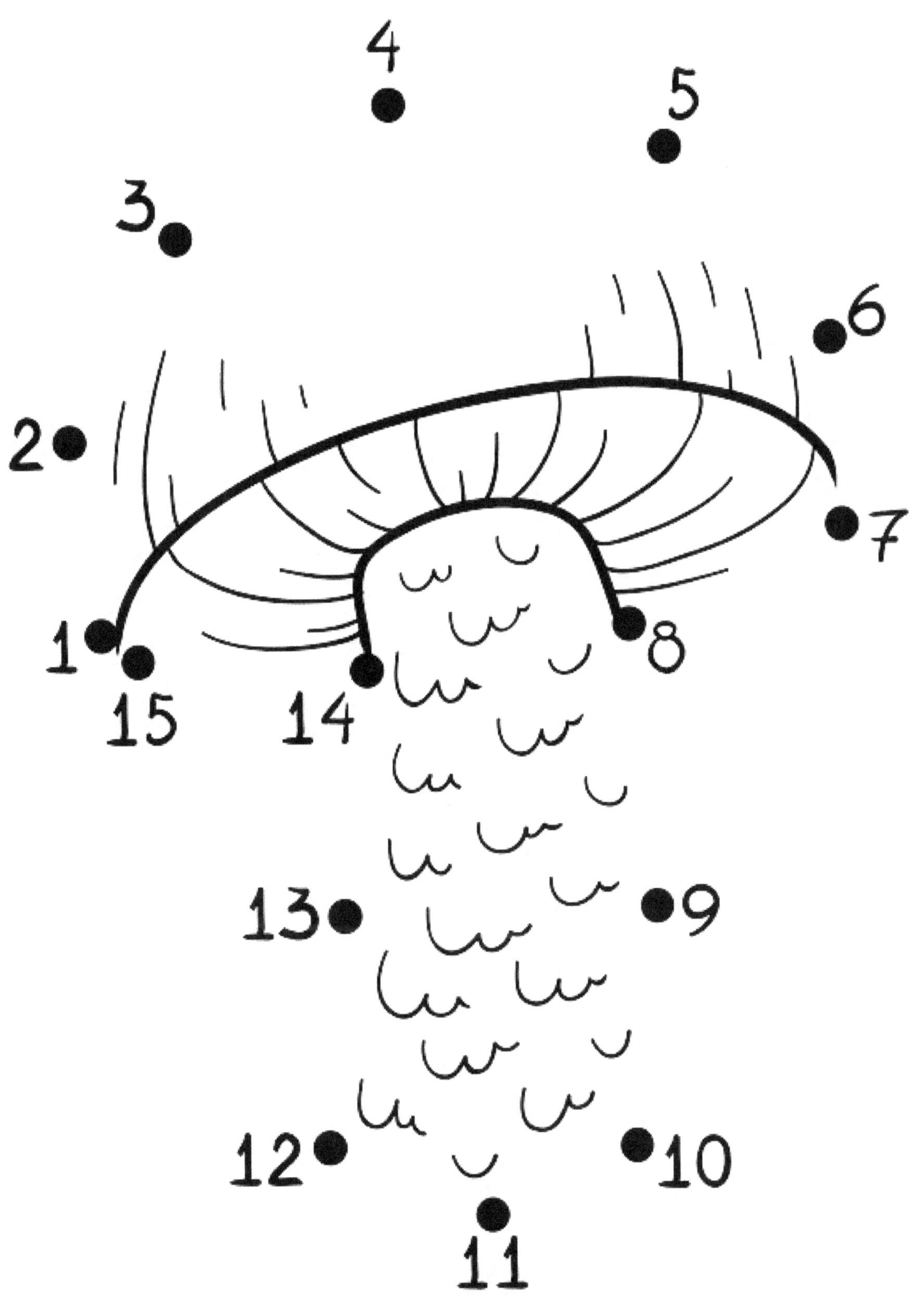

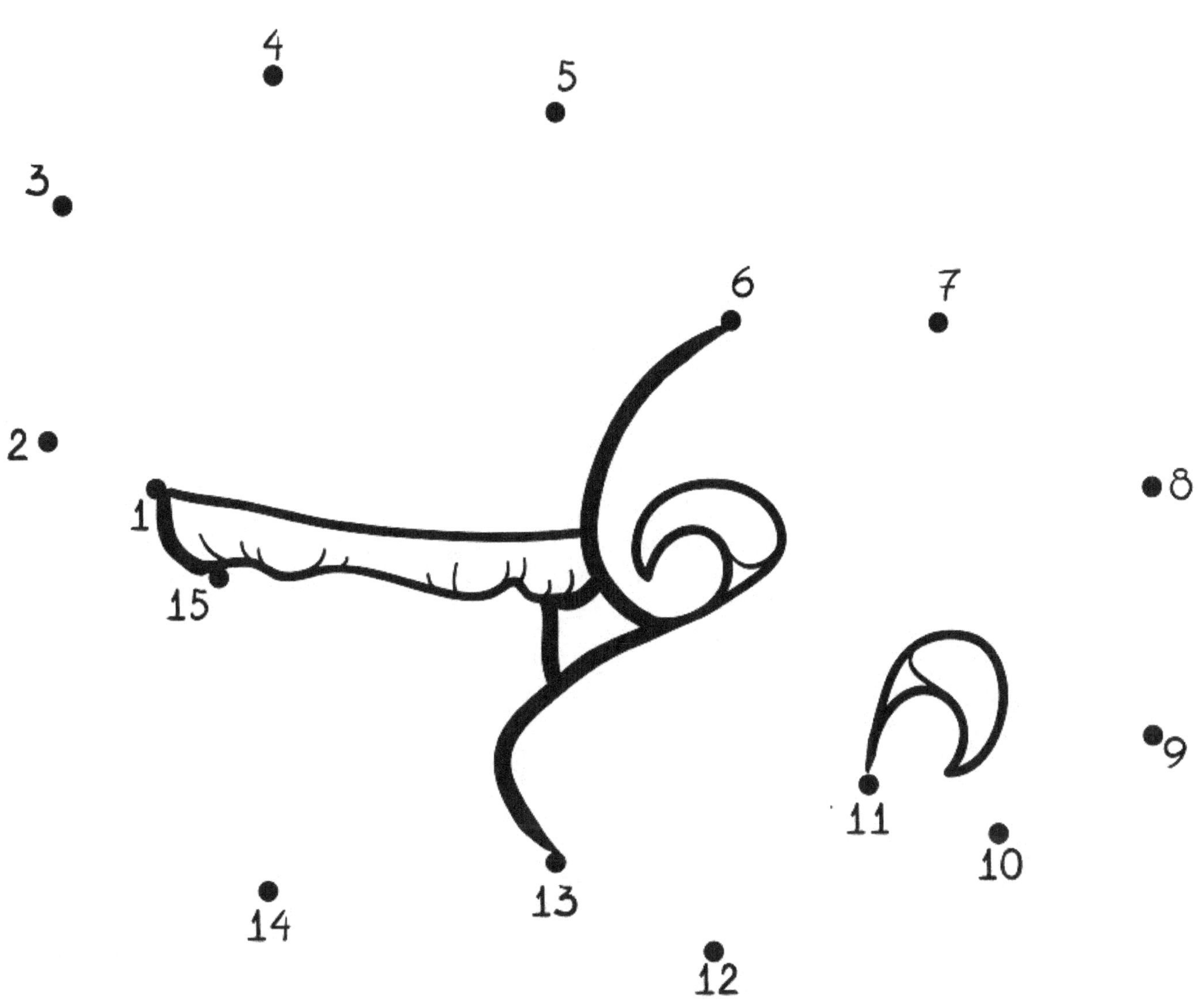
1
2
3
4
5
6
7
8
9
10
11
12
13
14
15

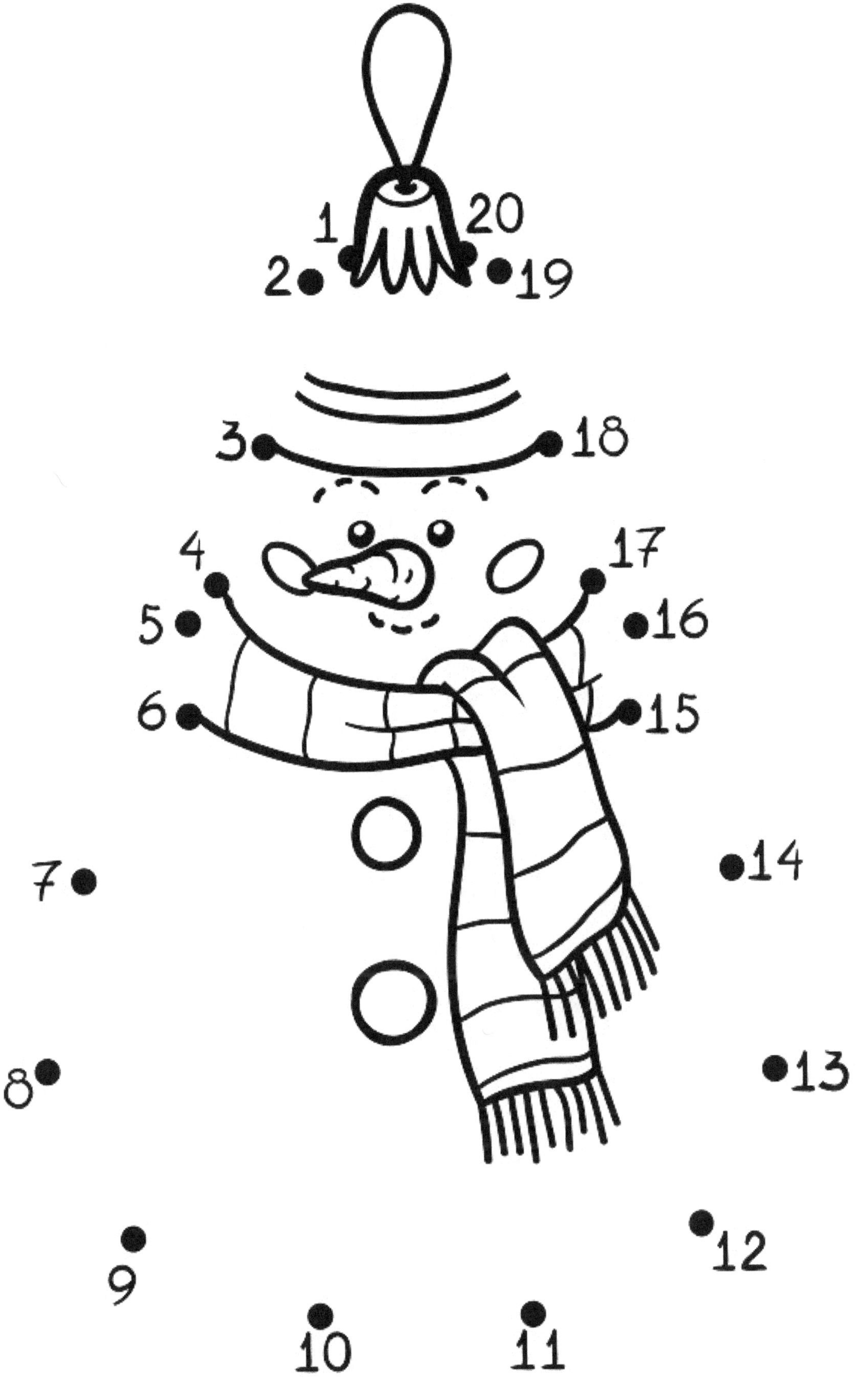

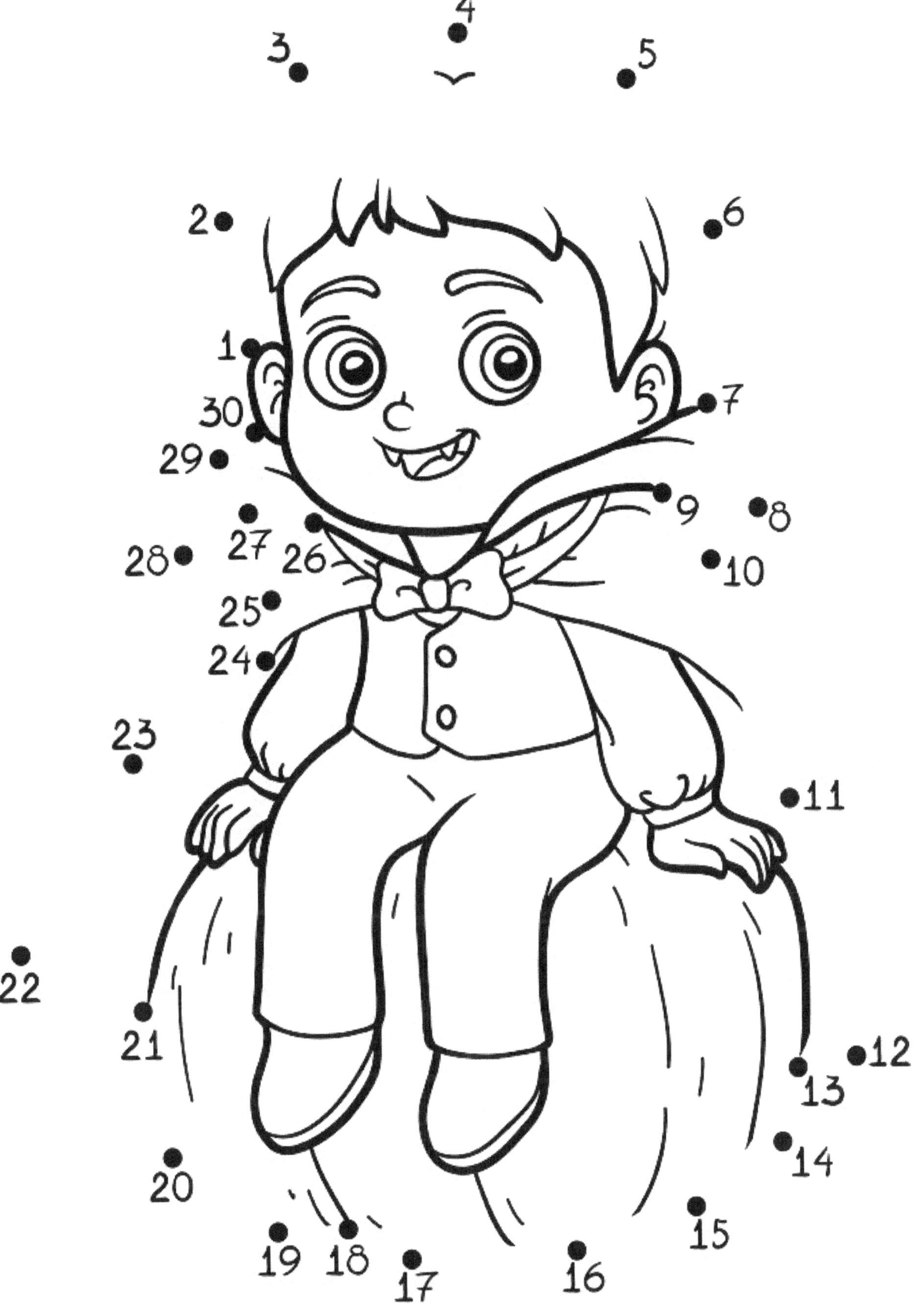

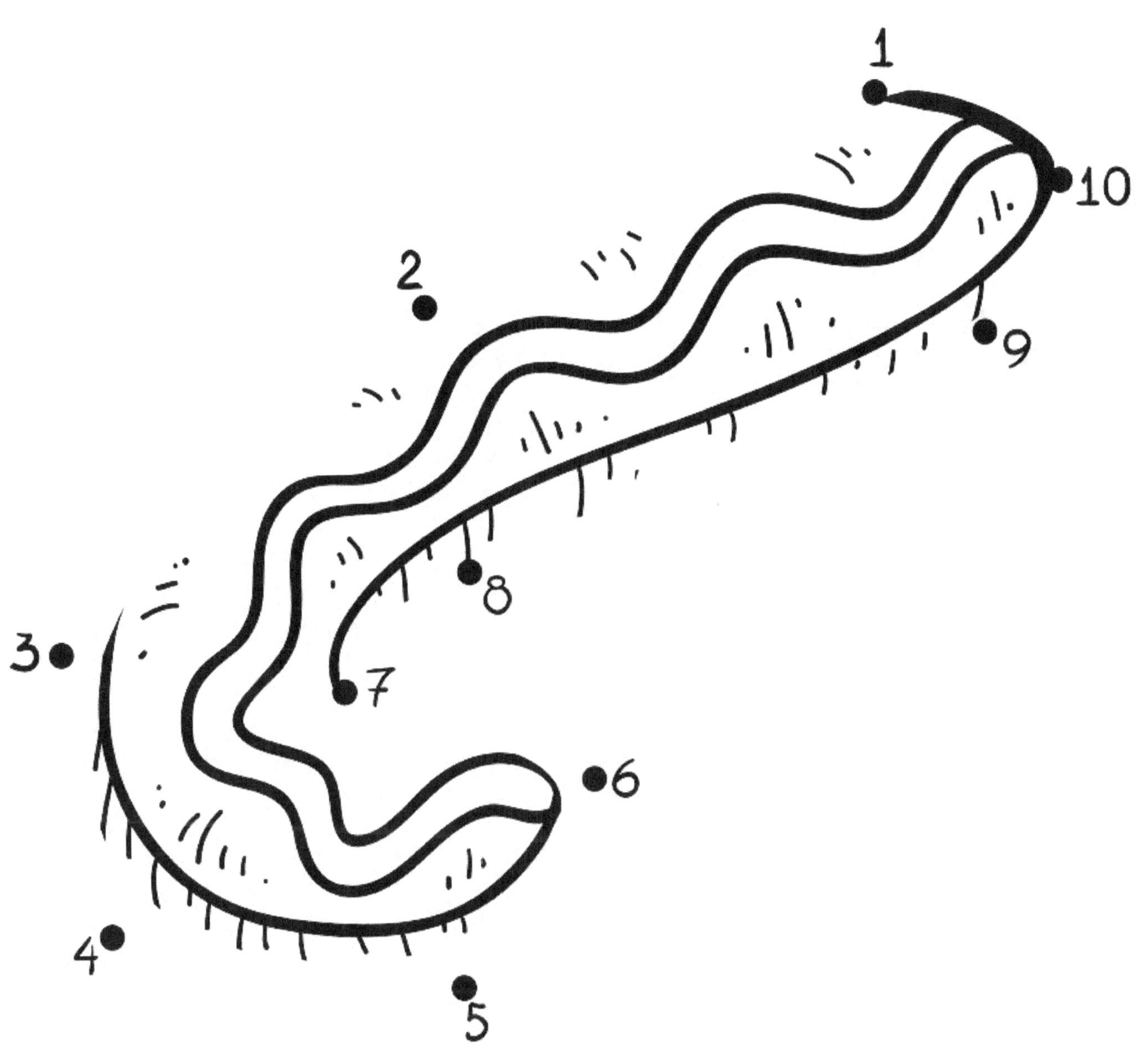

1
2
3
4
5
6
7
8
9
10

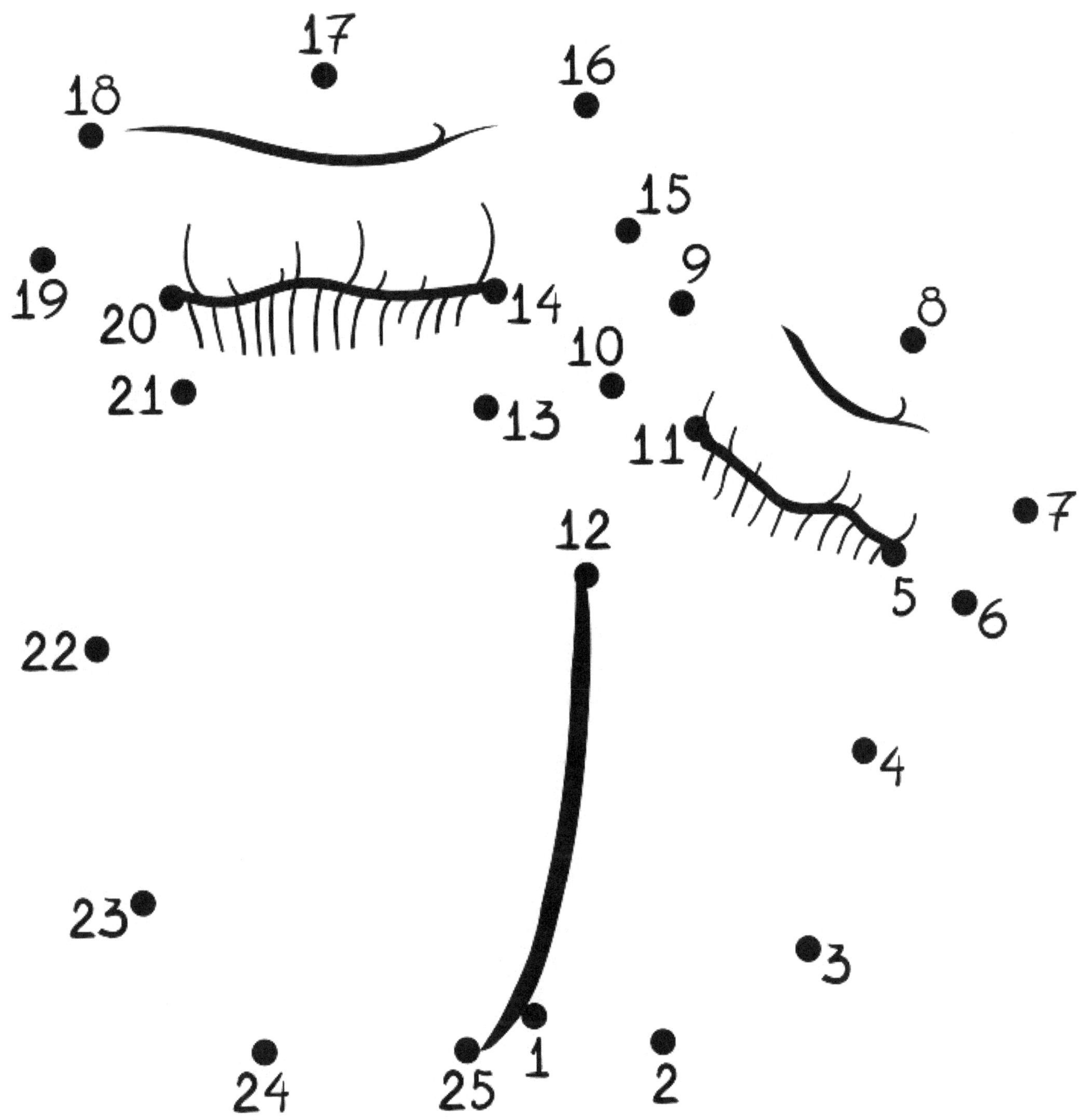

17
18
16
15
9
8
19
20
14
21
10
13
11
7
12
5
6
22
4
23
3
24
25
1
2

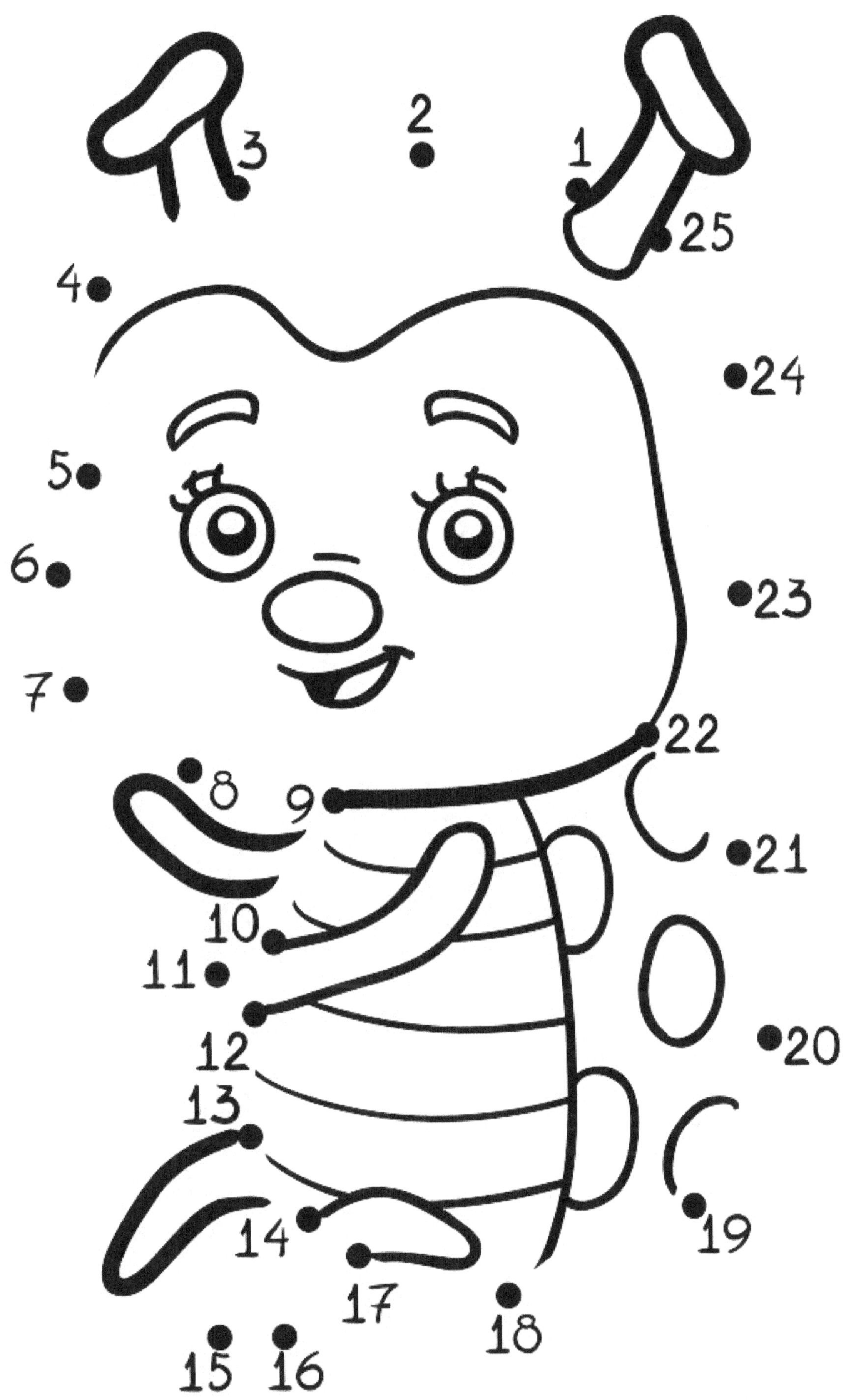

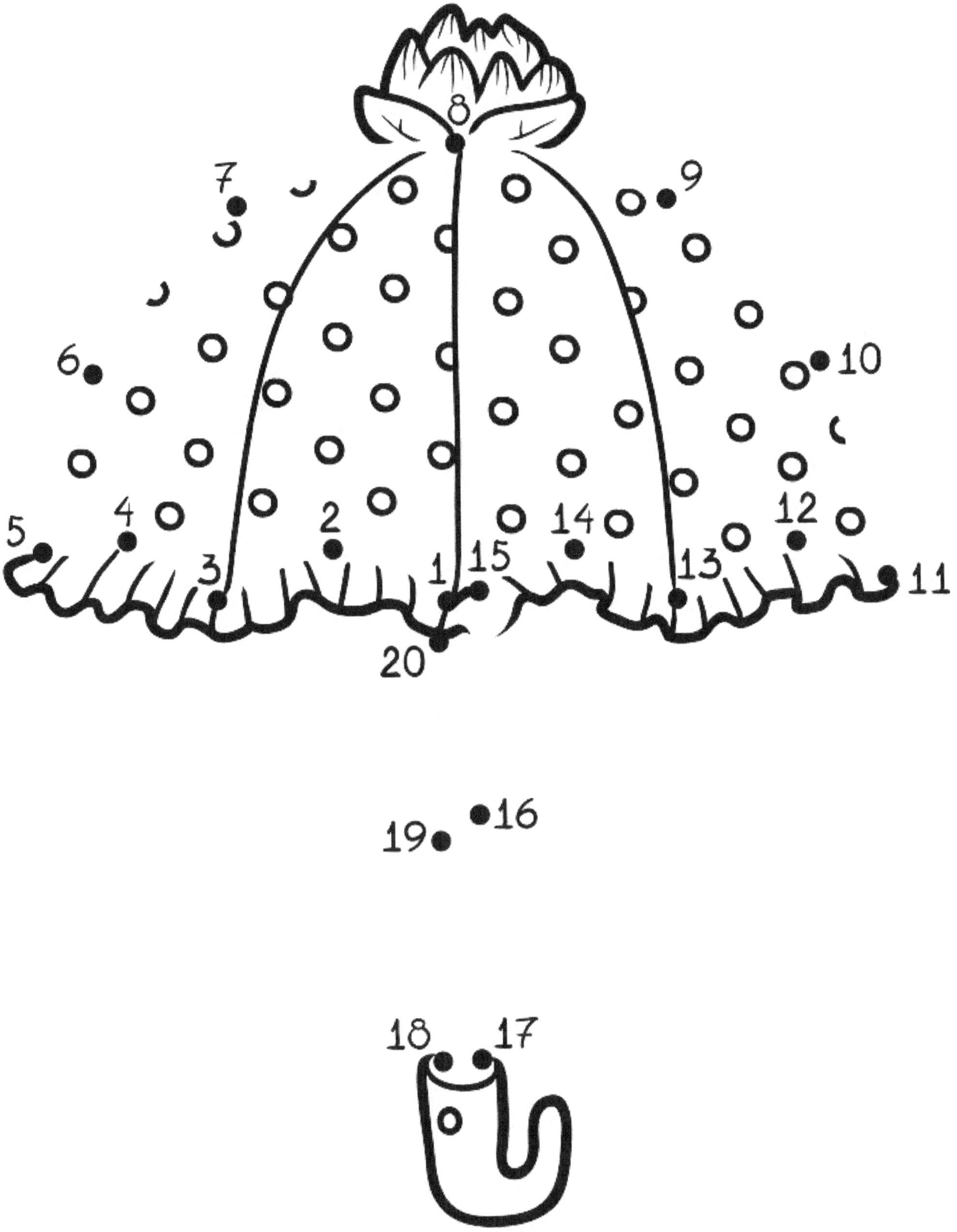
8
7
9
6
10
5
4
2
14
12
3
1
15
13
11
20
19
16
18
17

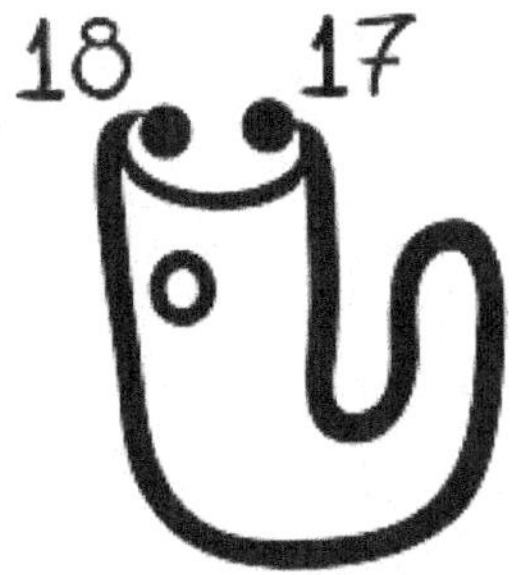

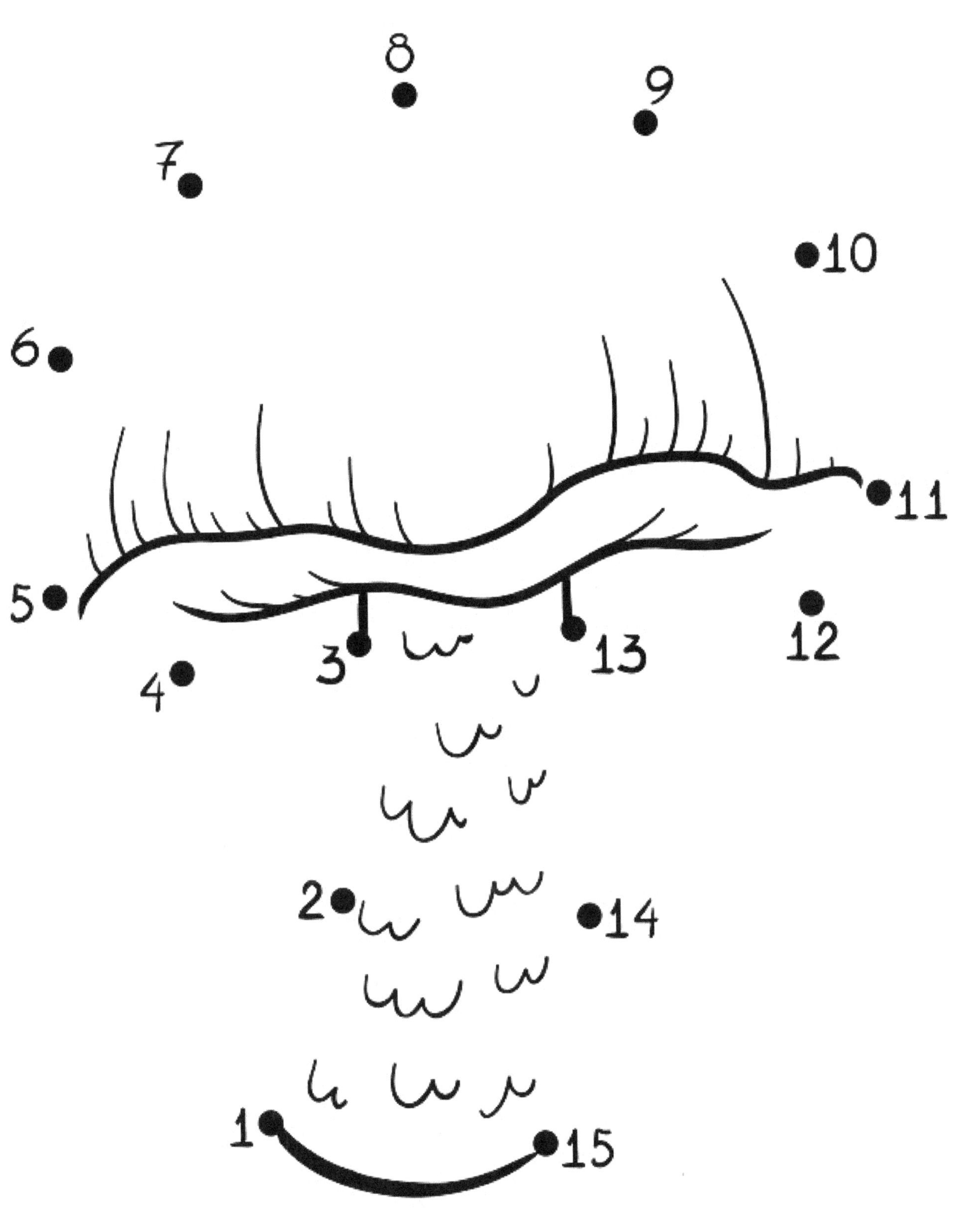

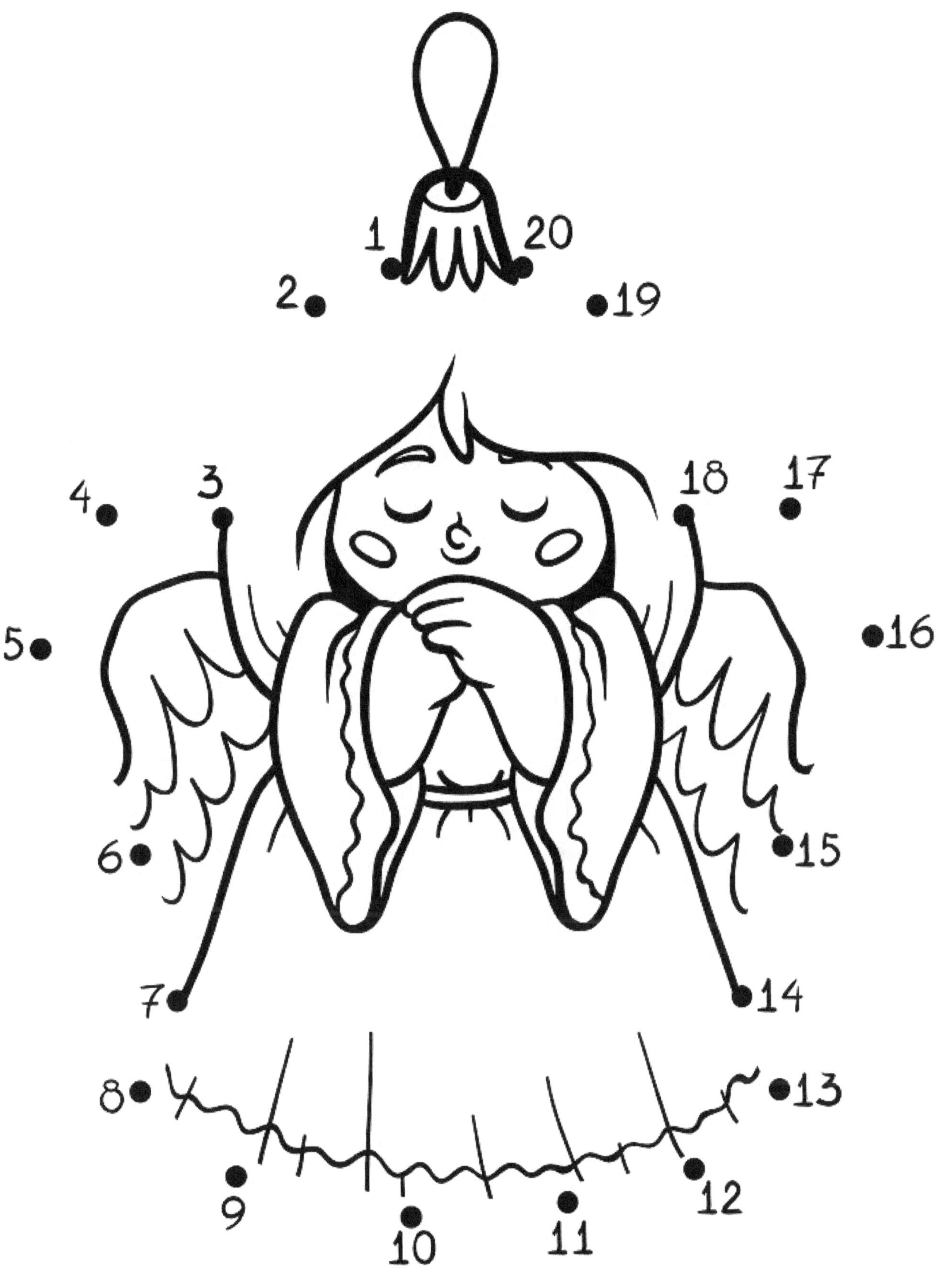

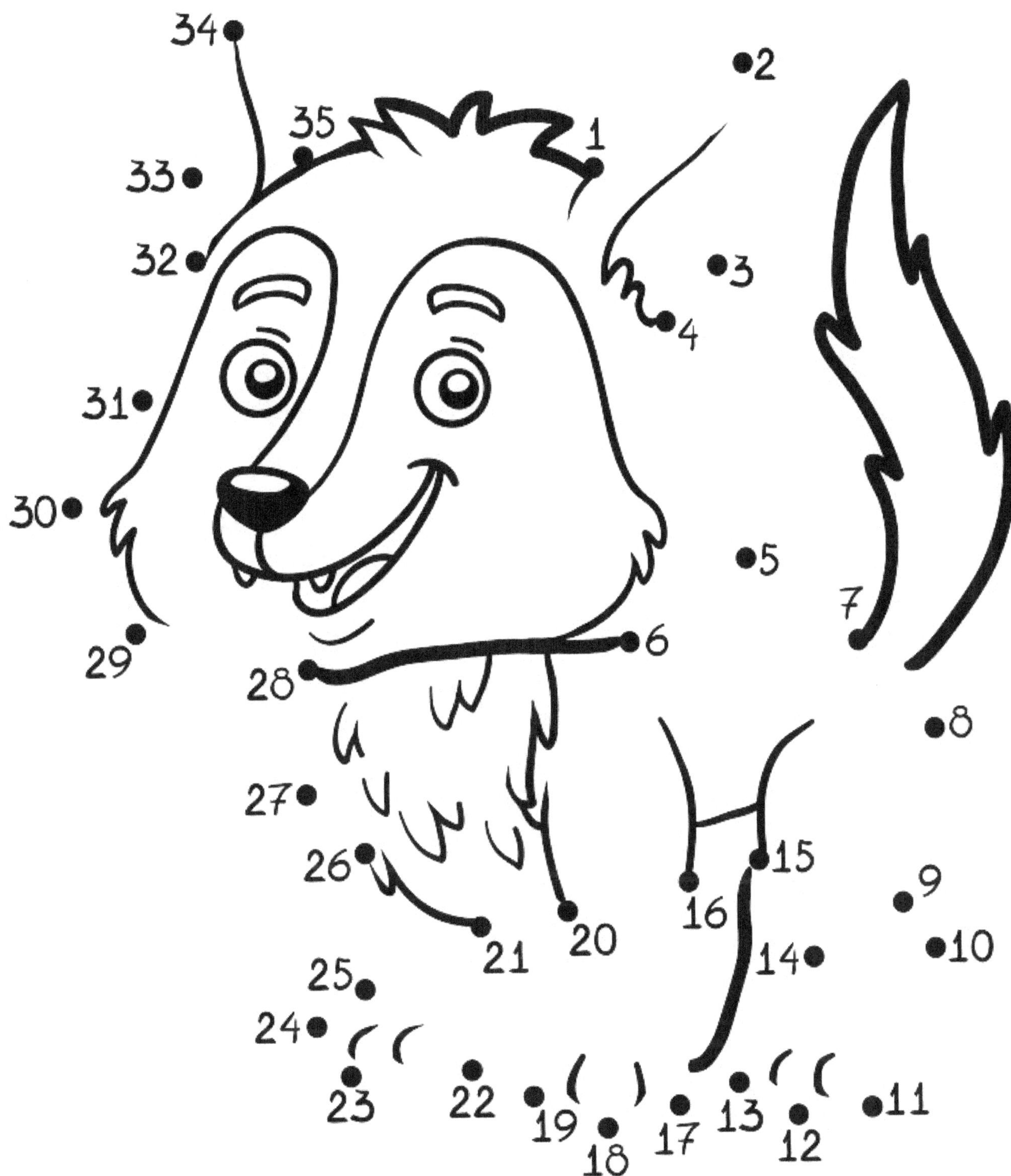

34
35
33
32
1
2
31
3
4
30
5
7
29
28
6
8
27
26
15
9
16
10
25
20
14
24
21
23
22
19
17
13
11
18
12

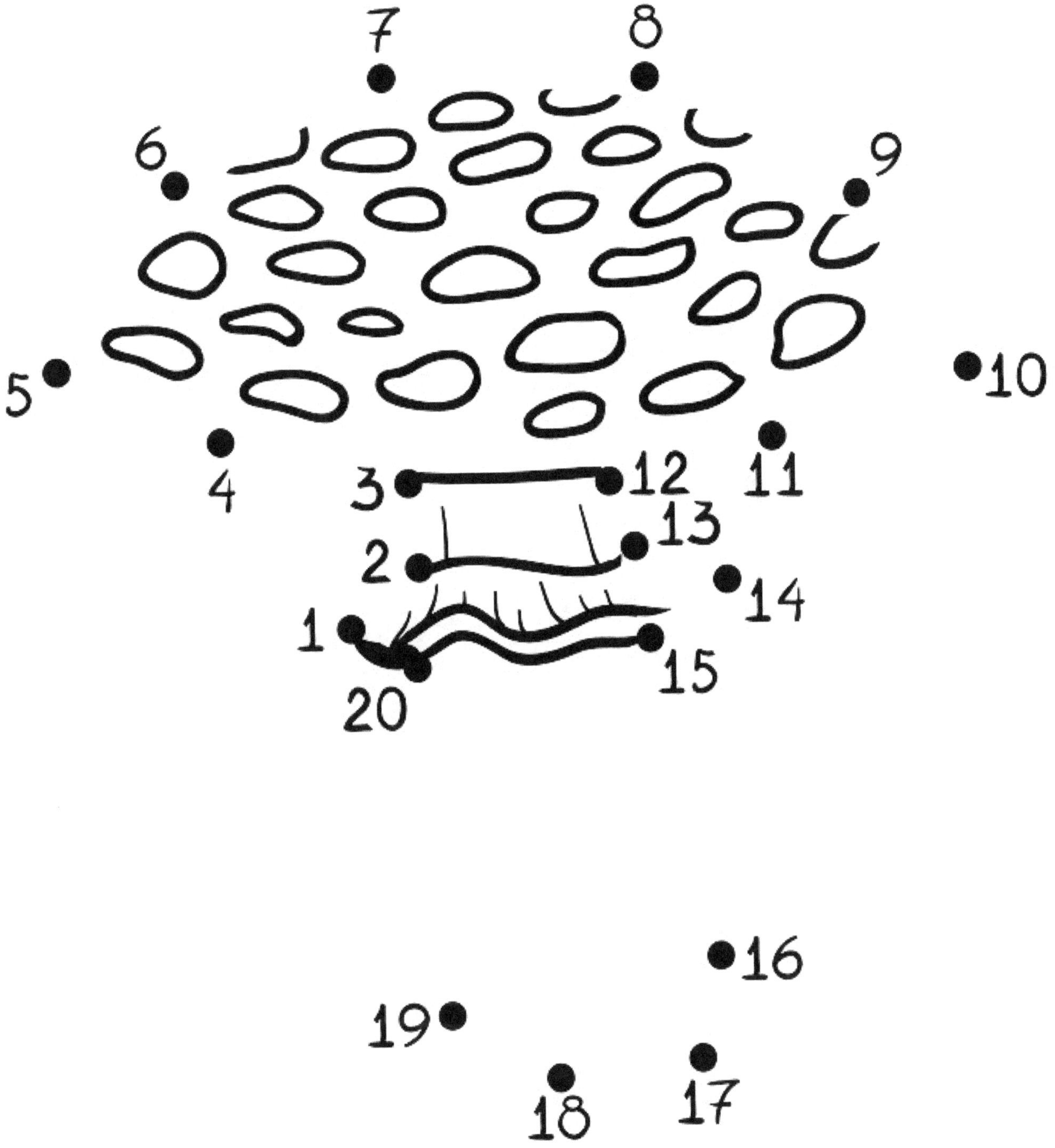
1
2
3
4
5
6
7
8
9
10
11
12
13
14
15
16
17
18
19
20

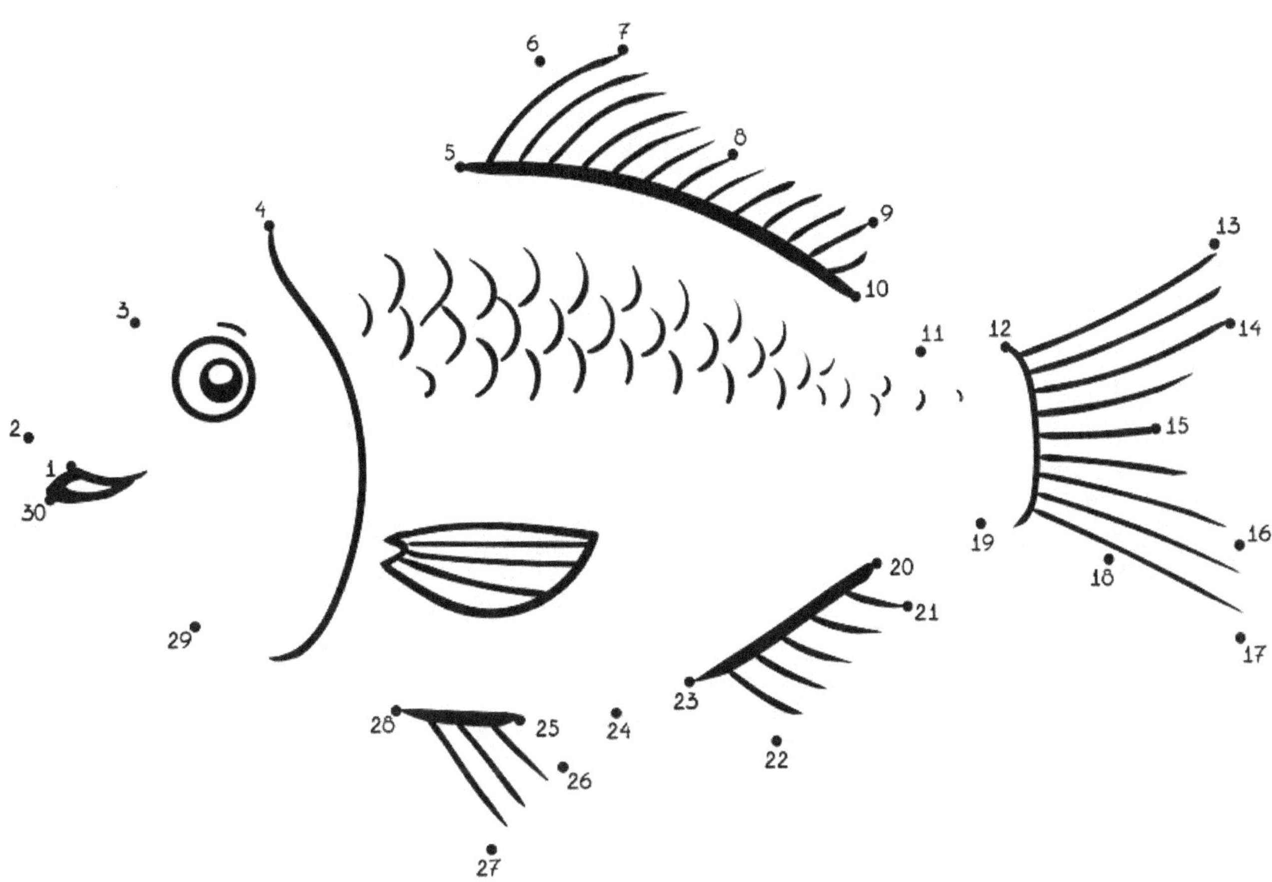

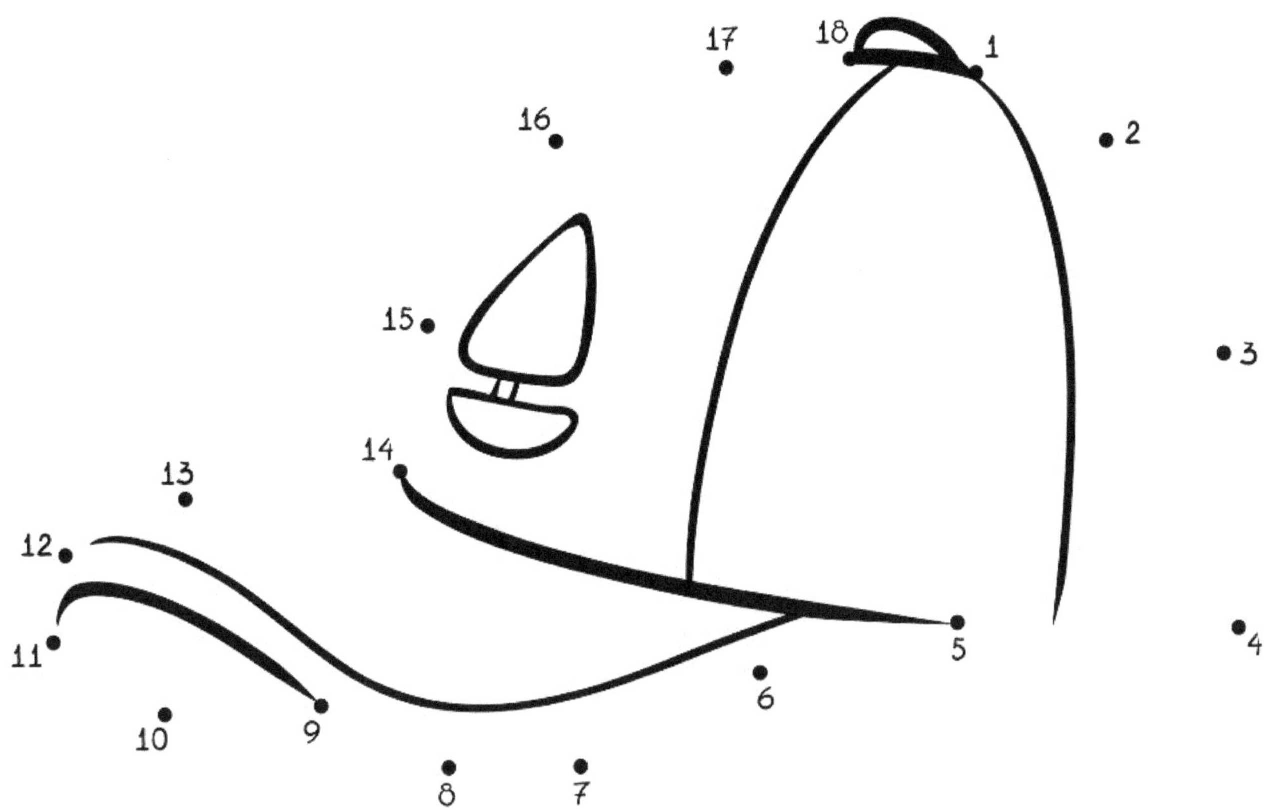

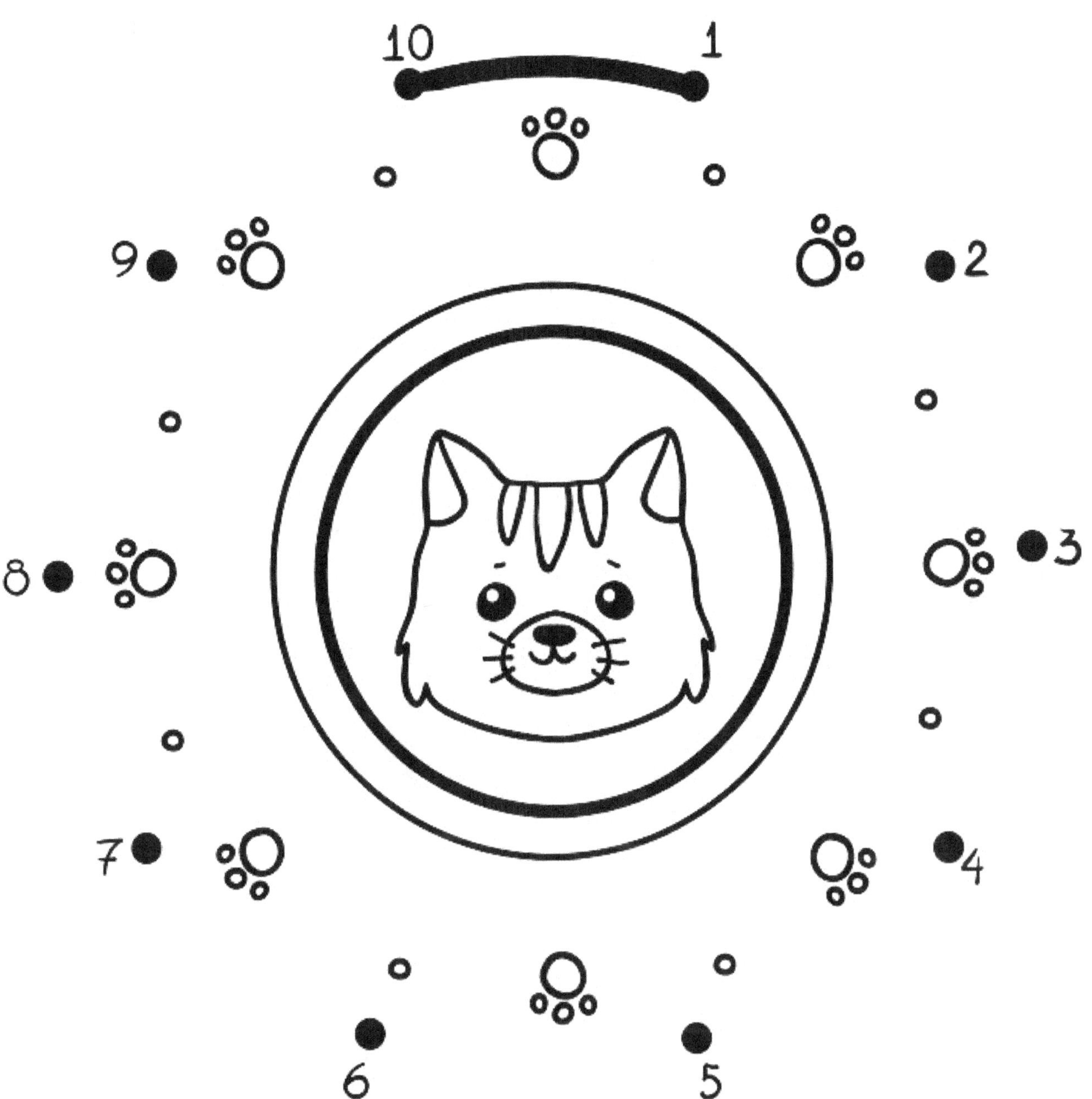

10
1
9
2
8
3
7
4
6
5

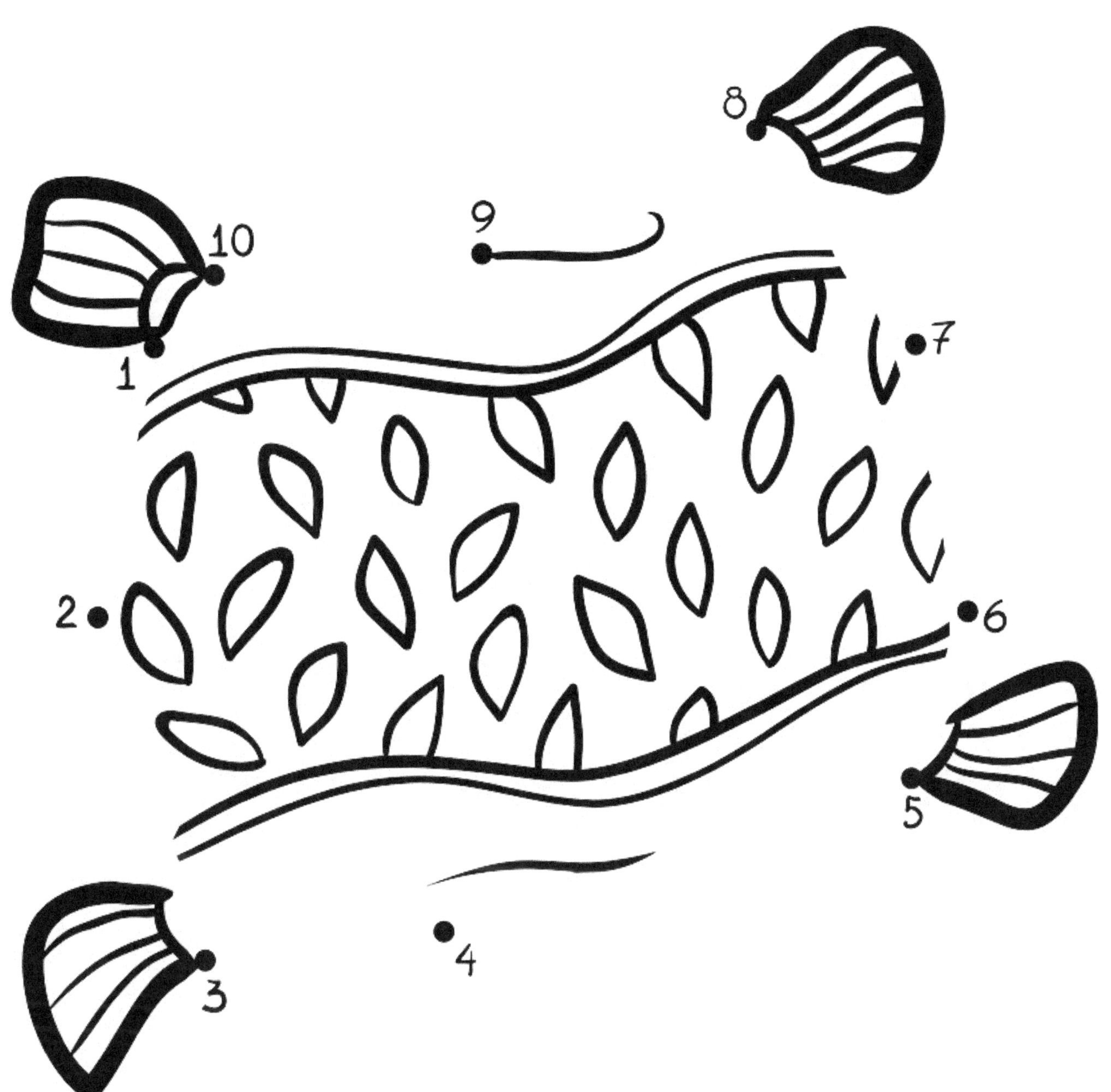

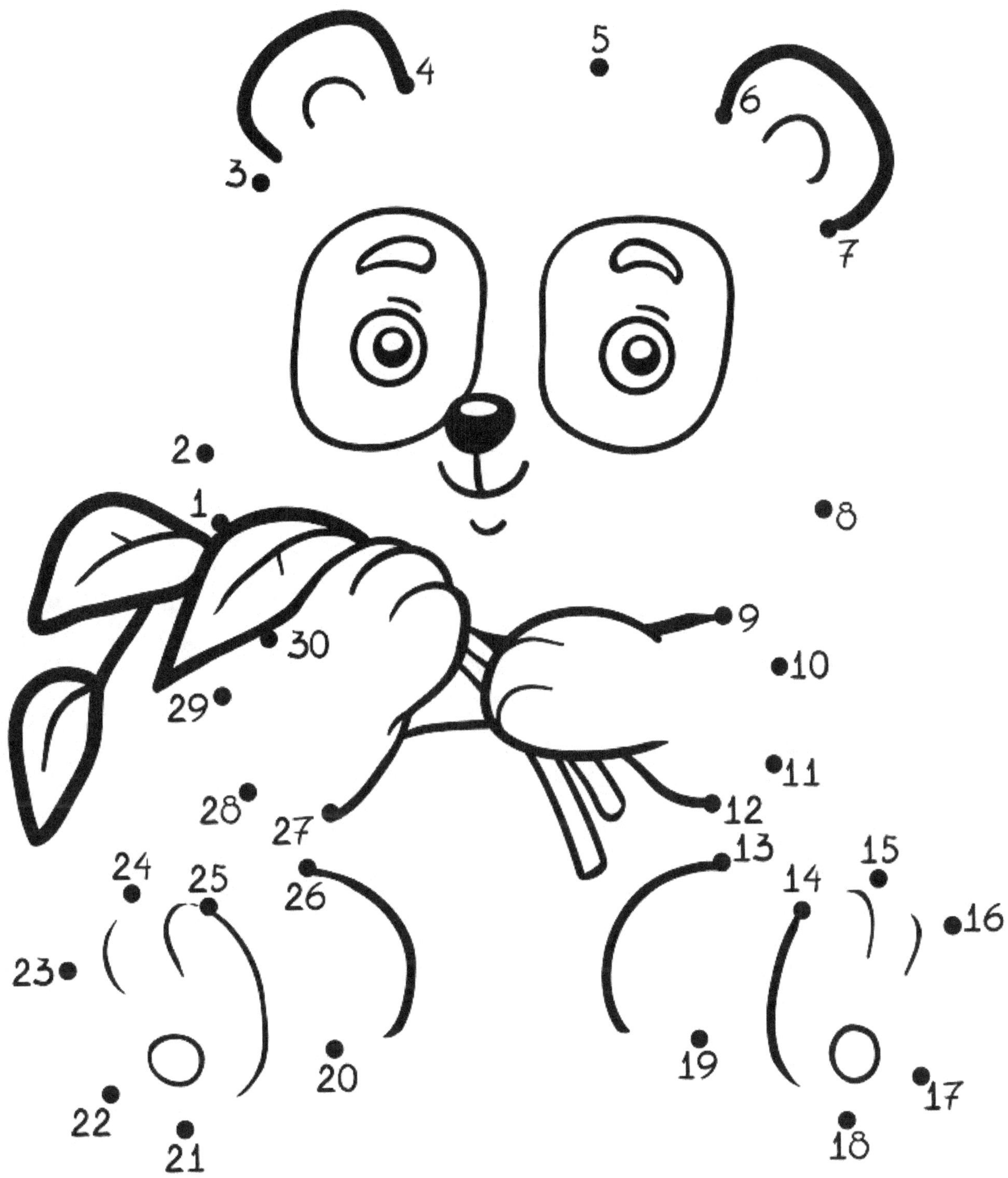

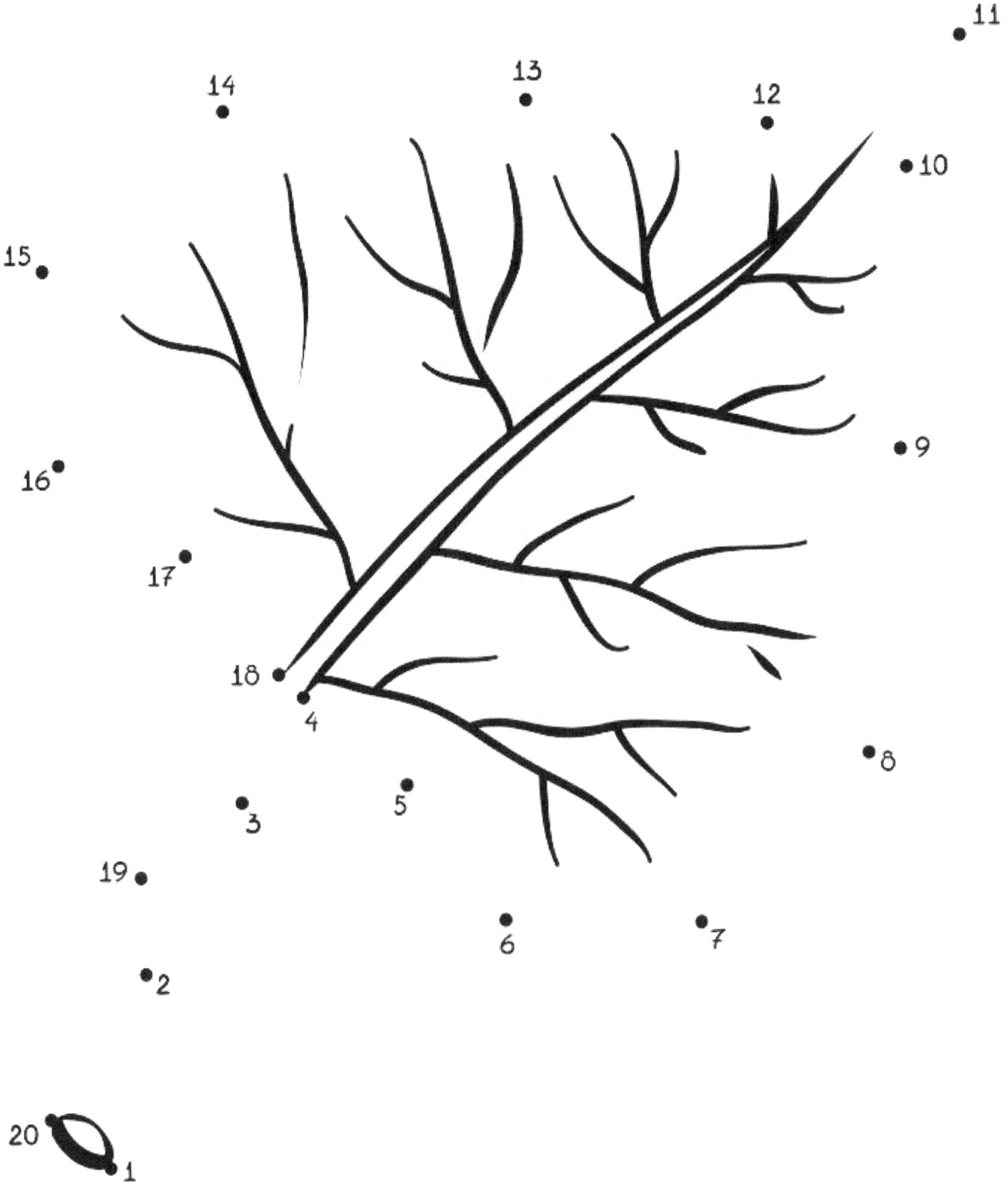

11
14
13
12
10
15
9
16
17
18
4
8
3
5
19
6
7
2
20
1

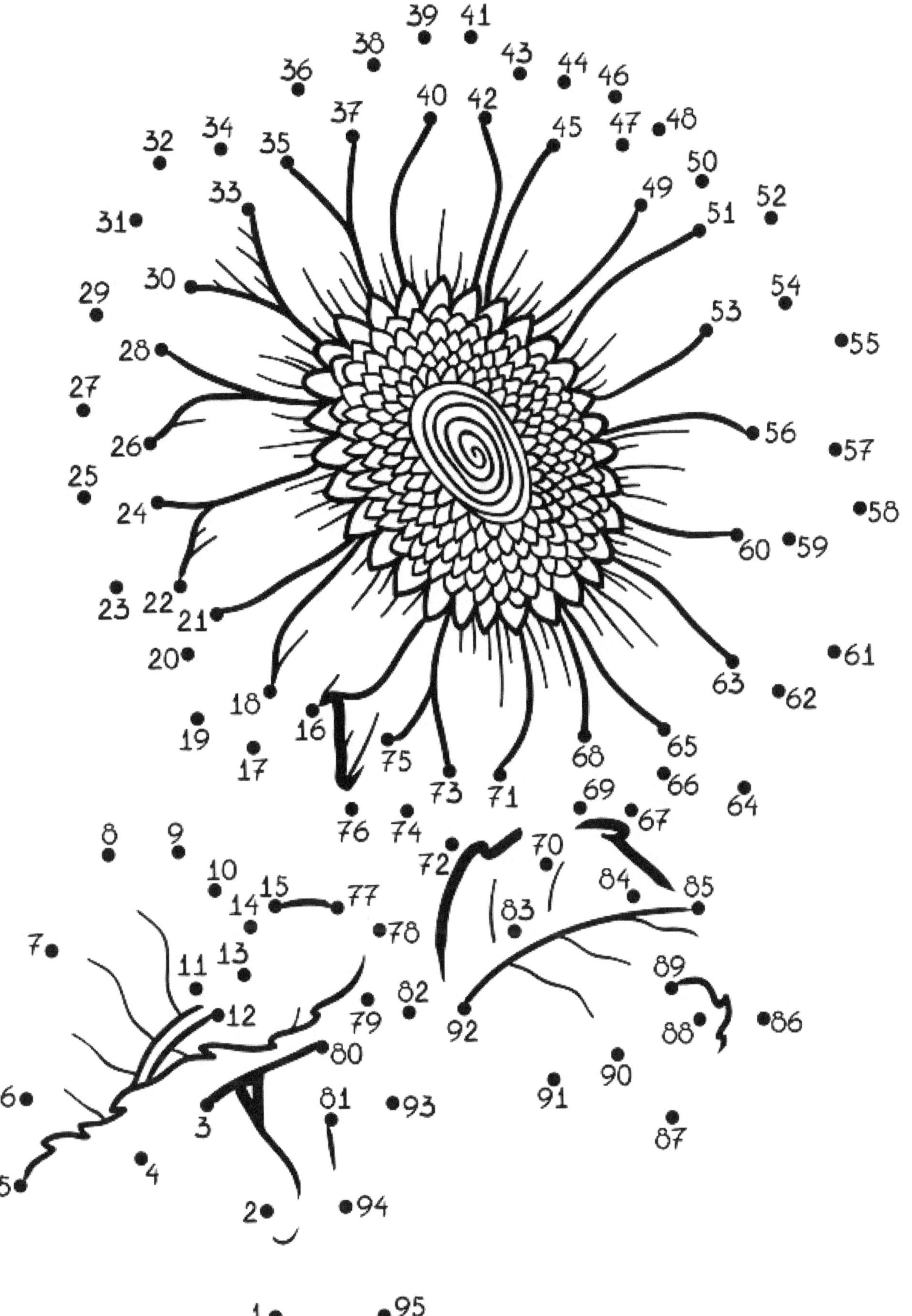

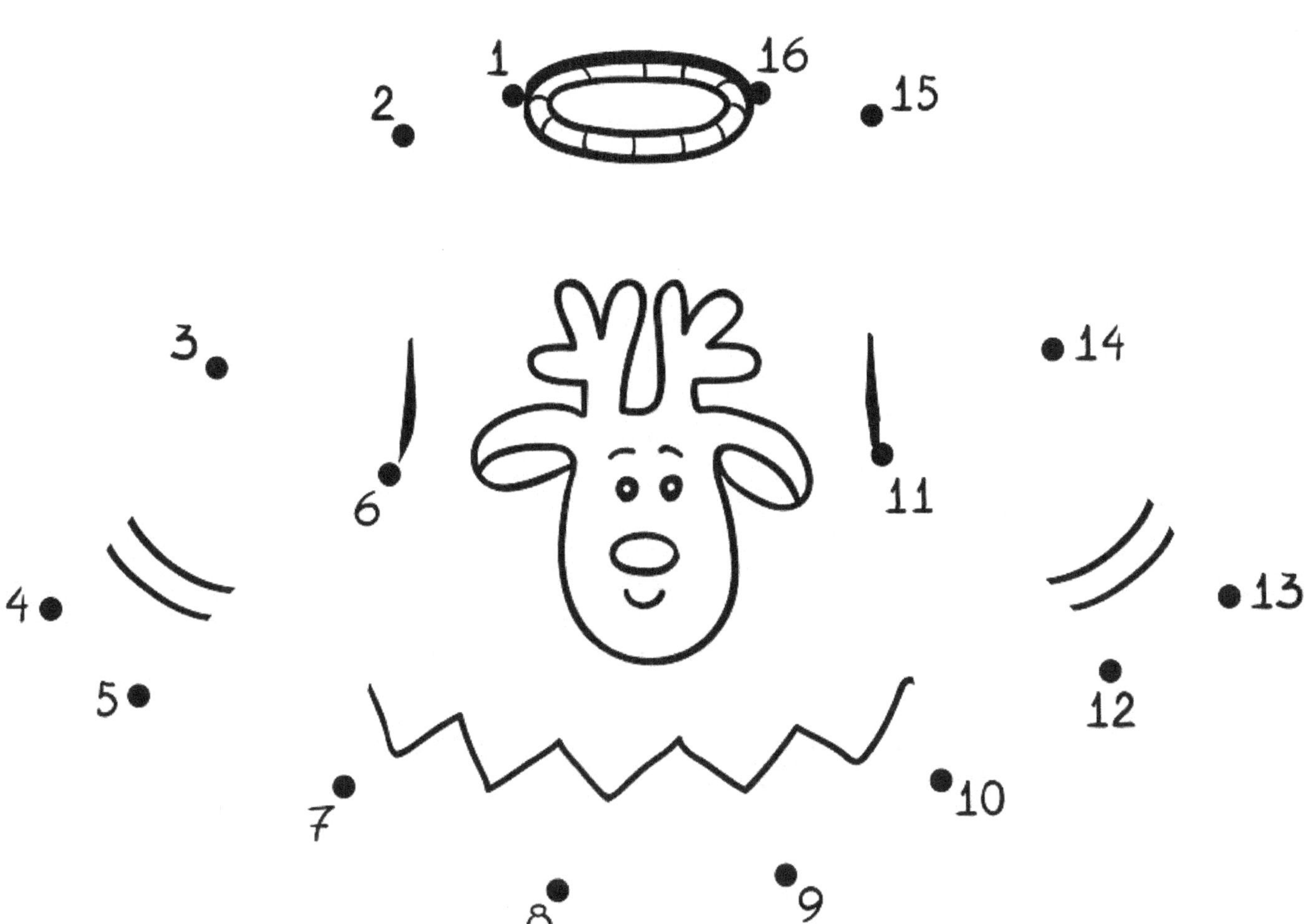

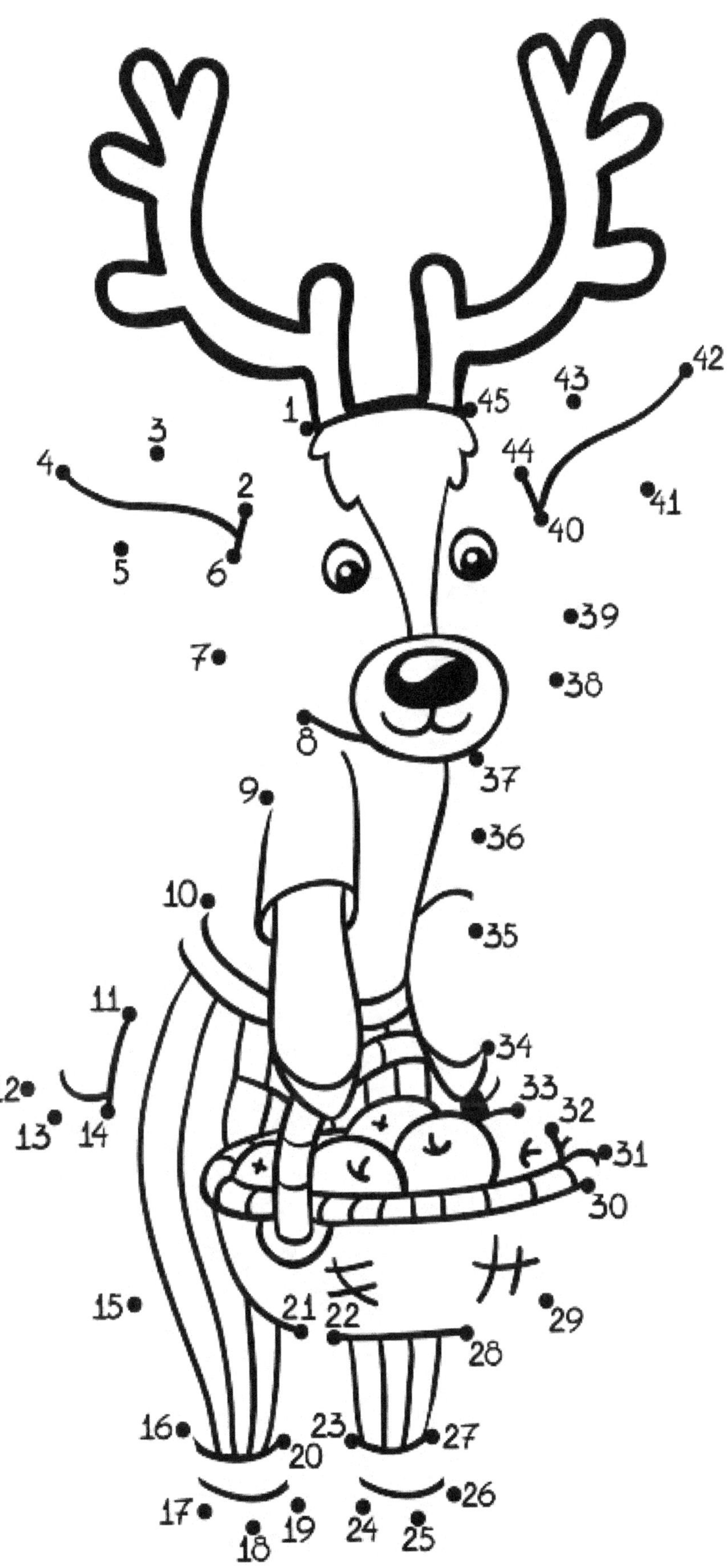

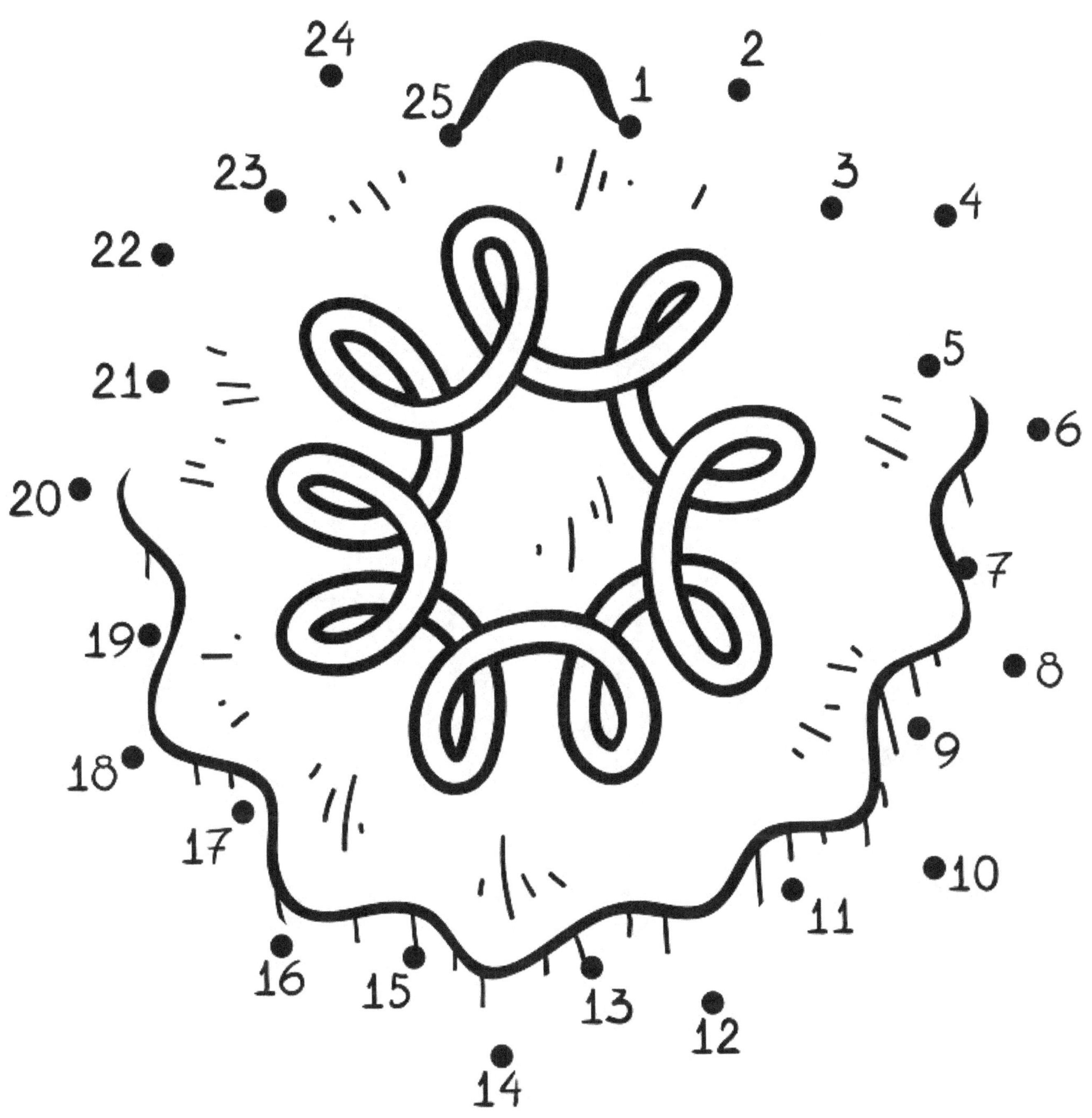

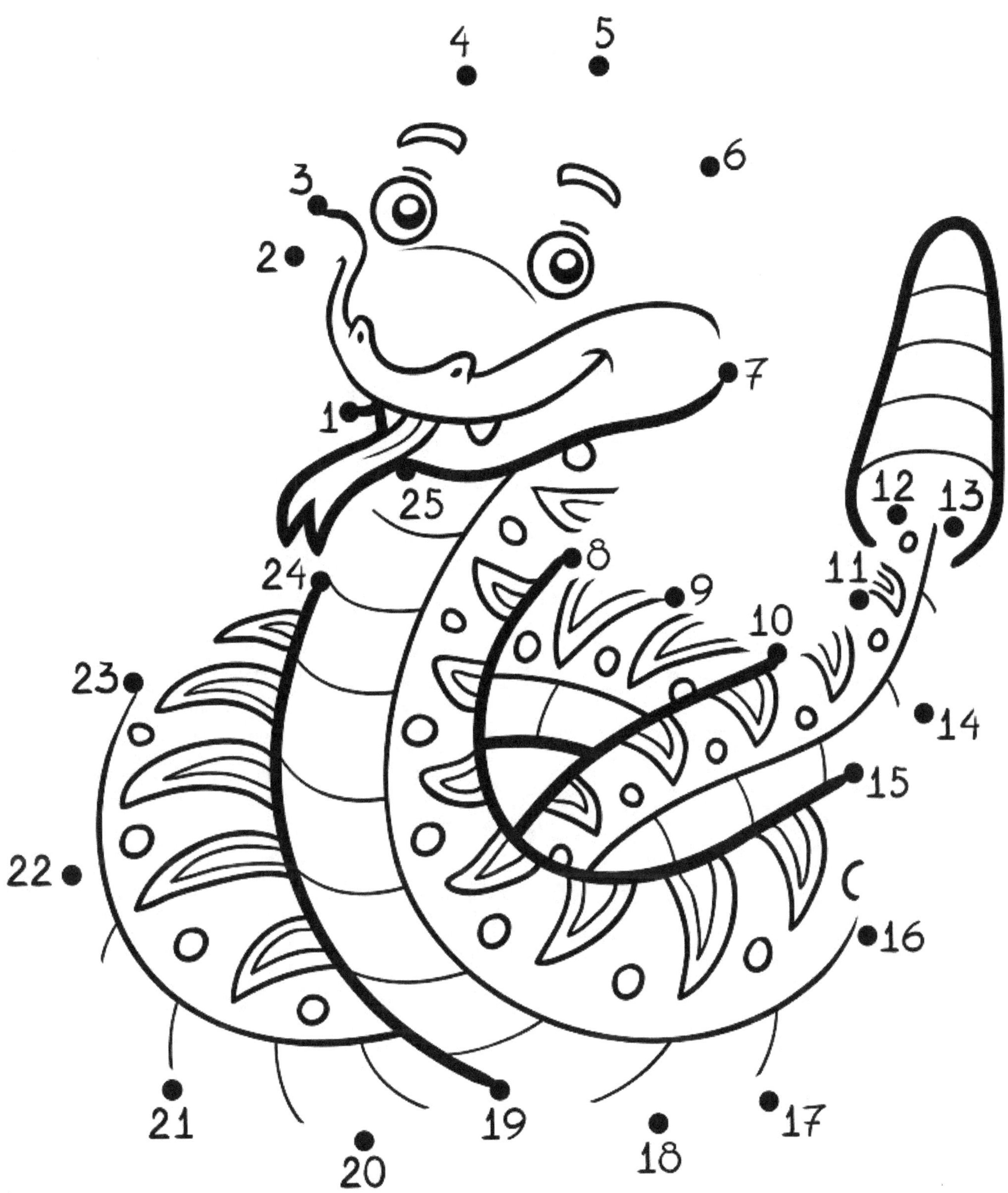

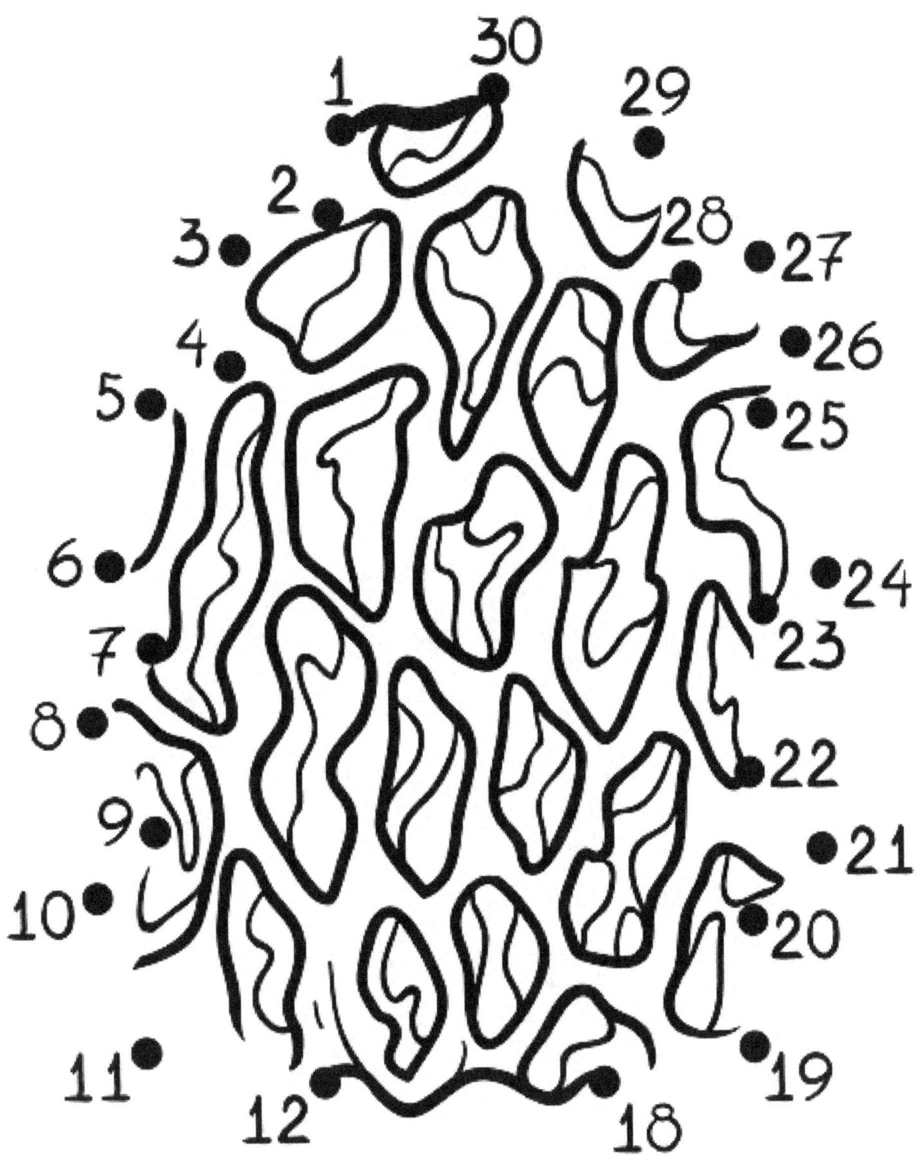
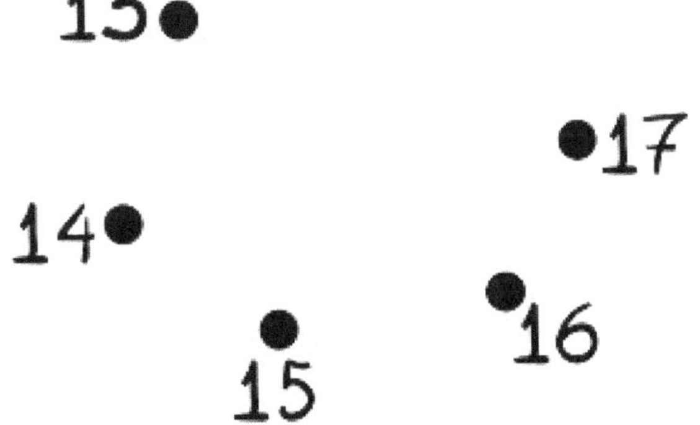

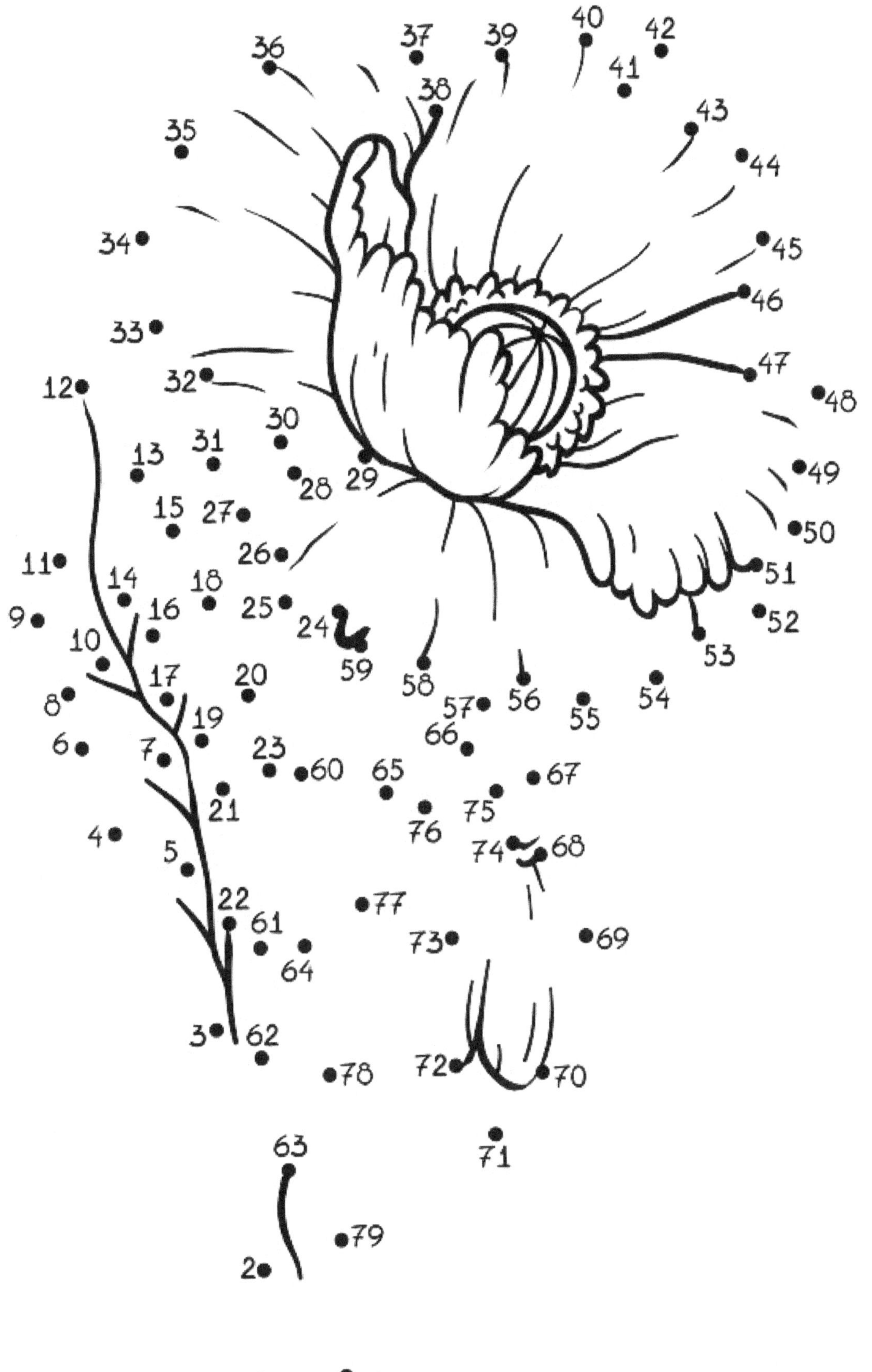

10
6
9
8
7
11
5
12
4
3
13
14
2
15
1
16
17
18
20
19